再生可能エネルギーによる
循環型社会の構築

石田　武志

成山堂書店

序　章

　2015年9月の国連サミットで採択された「持続可能な開発のための2030アジェンダ」には、「持続可能な開発目標（SDGs）」として、持続可能な世界を実現するため、2030年までの国際目標として17のゴールおよび169のターゲットが示されました。一方で、地球の気候システムをも改変させ始めている肥大化した現在の産業文明は、その存続の危機に立たされていると考えられます。SDGsの目標の達成のためには、個々の政府・企業・非営利法人などの活動が一層重要になってきていますが、同時に、現在の産業文明の構造自体から考え直して、真に持続可能な文明の形を考えていく必要があります。

　文明の誕生と崩壊はどのような条件で起こるのでしょうか。ジャレド・ダイアモンド著の『文明崩壊—滅亡と存続の命運を分けるもの』[1] では、歴史上のいくつかの文明をみることで、文明が崩壊する要因を考察しています。吉成真由美編著『知の逆転』[2] にジャレド・ダイアモンドとの対談が掲載されており、そこで文明が崩壊する要因として、次の5つの要因がまとめられています。

① 環境に対する取り返しのつかない人為的な影響
② 気候の変化
③ 敵対する近隣諸国との対立
④ 友好国からの疎遠
⑤ 環境問題に対する誤った対処

そして文明が崩壊するのは、これらの5つの要因がすべて起こる必要はないと言っています。[2]

　また、レベッカ・コスタ著の『文明はなぜ崩壊するのか』[3] では、文明の崩壊原因として、社会が複雑な社会問題を自ら解決できなくなった状況に陥っているときに、何か社会を崩壊させるような外的要因（たとえば干ばつや火山噴火など）があると、一気に文明が崩壊していくと考察しています。

　このことは、文明全体に限らず、国や地域などにも当てはまると考えられ

ます。日本の現状を振り返ってみると、いずれも思いつくところがあるのではないでしょうか。少子高齢化に伴い、社会保険制度や医療保険制度も限界になりつつあり、また科学技術力を示す論文数も諸外国に差がつき始めています。家電や半導体などのかつて日本の主要産業は、アジア諸国へとシフトし、残る基幹産業は自動車のみという状況です。これも自動運転＋電気自動車化の流れのなかで、自動車という製品の中核は「自動運転をする人工知能」になりつつあり、自動車メーカーは車体という「部品」を供給する「部品メーカー」になってしまう可能性もあります。さらに、福島第一原子力発電所の事故の収束には今後も長い年月と膨大なコストが必要であり、日本の体力を徐々に奪っていくと考えられます。このように、日本社会は、複雑な社会問題を自ら解決できなくなった状況に陥っているということができると考えられます。これに加えて南海トラフの巨大地震も 100 年以内には確実に起こるはずであり、この巨大災害とともに、日本社会が一気に崩壊していく可能性もあります。

　一方で、危機に瀕した文明・社会から新しいパラダイムシフトが生まれることもあります。筆者の前著『システム工学で描く持続可能文明の設計図〜文明設計工学という発想〜』[4] では産業革命時のイギリスを例に紹介しました。産業革命前のイギリスでは森林が減少し、慢性的な薪の不足が生じていました。薪の価格が高騰し、一部の庶民は石炭を使用し始めました。石炭は燃やすと黒い煙が出て、非常に扱いにくい燃料でしたが、仕方なく使用が広まっていきました。そして石炭の使用の拡大に伴い、石炭の生産性の向上のための工夫がさまざま行われるようになってきました。また中世ルネッサンス期からの科学知識の蓄積がゆっくりとではありますが続いてきています。これらの科学知識の蓄積と炭鉱での動力の必要性が土壌となり、蒸気機関の発明につながり、産業革命が開花したと考えられます。また当時のイギリスの社会では、17 世紀には特許権がいち早く体系化されるなど、技術革新を促す土壌ができていました。また 18 世紀にはエンクロージャ法（高度集約農業の導入のため、相互に入り組んだ農地や共同利用の耕地を統合し、所有者を

明確にした上で排他的に利用することを政府が主導して行った政策）が発布
され、土地から離れた労働力が都市に流入するという現象も起きており、都
市部での産業化の要因のひとつにもなっています。このように農耕の始まり
や産業革命などの大きなパラダイムシフトを概観すると、どちらにも社会環
境の要因と経過の共通性がみえてきます。具体的には、次のようになります。

① 社会的な行き詰まり、社会問題の累積

　　　農耕の場合　　　：氷河期時代の食糧難

　　　産業革命の場合：薪の不足による燃料不足

② 新技術の要素の誕生、科学知識の累積

　　　農耕の場合　　　：植物の栽培の試み

　　　産業革命の場合：炭鉱での生産性向上のための蒸気機関の利用

③ 社会を取り巻く環境の変化

　　　農耕の場合　　　：氷河期が終わり温暖化

　　　産業革命の場合：イギリスの社会環境の変化

④ 新技術の爆発的な浸透

　　　農耕の場合　　　：農耕技術の浸透

　　　産業革命の場合：動力技術の浸透

⑤ 社会システム自体の大きな変革

　　　農耕の場合　　　：農耕の富による古代文明の誕生

　　　産業革命の場合：産業化による大英帝国の繁栄・世界制覇

　このように、社会的な行き詰まりの中でも新技術の種が生まれ醸成される
などの要因が積み重ねられると、ある時点の社会変化をトリガーとして、社
会全体が「相変化」を起こすように新しいパラダイムシフトが生まれると
いったことが起こります。それでは衰退しつつある日本は、このまま衰退し
崩壊していくのでしょうか。あるいは、新しい社会・文明へのパラダイムシ
フトが起きるのでしょうか。

　本書では、第1章で「エントロピー」という物理量を解説し、そのエント
ロピーの考え方を社会や文明の繁栄や衰退に当てはめ、社会システムや文明

序　章

を「散逸構造」という熱力学に出てくる概念から考えていきます。ここで文明的視野に基づいて、持続可能な開発目標（SDGs）の体系的な整理を試みます。続く第2章では、現在の産業文明の限界を踏まえつつ、エントロピーや散逸構造の視点から持続可能な社会に求められる条件を明確にしていきます。

　さらに第3章では、今後の社会の基盤になる新しい技術の可能性のひとつとして、「バイオメタノールによる循環型社会の構築」を提案していきたいと考えています。海洋ゴミ、沿岸漂着ゴミや水産系廃棄物を用いた、「バイオマスのガス化・メタノール合成プロセス」によるプラントが整備されれば、沿岸域の燃料・エネルギーの自給が可能となるととともに、メタノールは化学基礎製品としての性質もあり、さまざまな化学製品を作ることが可能となります。さらに、C_1 微生物（メタノールやメタンを炭素源とする微生物）の利用により、メタノールからタンパク質を製造することも可能になります。このようにバイオメタノールを核とした資源循環型「産業クラスター」を形成することが可能となります。さらにはメタノール合成炉のガス化過程で、重金属などの除去なども原理的に可能であり、海の浄化システムとしても機能すると考えられます。

　本書の最後の第4章では、バイオメタノールを用いた海・沿岸部を起点とした新しい文明の姿とそれに至るシナリオを考えてみました。そして最後にこのシナリオにより、持続可能な開発目標（SDGs）がどの程度達成できるのかをまとめています。SDGsの17の目標をみているだけでは、目標間の相関が見えてこないとともに、目標が達成された場合どのような世界が実現されるのかが不透明との印象を受けます。本書で示すシナリオは完璧なものではありませんが、今後の世界や日本の進むべき方向を考えるための議論のたたき台になれば幸いと考えています。

【参考文献】
1) ジャレド・ダイアモンド著、楡井浩一訳、『文明崩壊〈上下巻〉─滅亡と存続の命運を分けるもの』草思社文庫（2012）ISBN-9784794219398、ISBN-9784794219404
2) 吉成真由美編『知の逆転』NHK出版（2012）ISBN-9784140883952
3) レベッカ・コスタ、著藤井留美訳、『文明はなぜ崩壊するのか』原書房（2012）ISBN-9784562047789
4) 石田武志、『システム工学で描く持続可能文明の設計図─文明設計工学という発想─』大学教育出版（2014）ISBN978-4-86429-245-0

持続可能な開発目標（SDGs）の詳細

目標 1
【 貧困 】
あらゆる場所のあらゆる形態の貧困を
終わらせる。

目標 2
【 飢餓 】
飢餓を終わらせ、食料安全保障
及び栄養改善を実現し、持続可
能な農業を促進する。

目標 7
【 エネルギー 】
すべての人々の、安価かつ信頼でき
る持続可能な近代的エネルギーへ
のアクセスを確保する。

目標 3
【 保健 】
あらゆる年齢のすべての人々の健
康的な生活を確保し、福祉を促進
する。

目標 8
【 経済成長と雇用 】
包摂的かつ持続可能な経済成長及び
すべての人々の完全かつ生産的な雇用
と働きがいのある人間らしい雇用
（ディーセント・ワーク）を促進する。

目標 4
【 教育 】
すべての人に包摂的かつ公正な質
の高い教育を確保し、生涯学習
の機会を促進する。

目標 9
【 インフラ、産業化、イノベーション 】
強靭（レジリエント）なインフラ構築、
包摂的かつ持続可能な産業化の促
進及びイノベーションの推進を図る。

目標 5
【 ジェンダー 】
ジェンダー平等を達成し、すべて
の女性及び女児の能力強化を行
う。

目標 10
【 不平等 】
各国内及び各国間の不平等を是
正する。

目標 6
【 水・衛生 】
すべての人々の水と衛生の利用可能
性と持続可能な管理を確保する。

目標 11
【 持続可能な都市 】
包摂的で安全かつ強靭（レジリエ
ント）で持続可能な都市及び人間
居住を実現する。

目標12
【 持続可能な生産と消費 】
持続可能な生産消費形態を確保する。

目標15
【 陸上資源 】
陸域生態系の保護、回復、持続可能な利用の推進、持続可能な森林の経営、砂漠化への対処、ならびに土地の劣化の阻止・回復及び生物多様性の損失を阻止する。

目標13
【 気候変動 】
気候変動及びその影響を軽減するための緊急対策を講じる。

目標16
【 平和 】
持続可能な開発のための平和で包摂的な社会を促進し、すべての人々に司法へのアクセスを提供し、あらゆるレベルにおいて効果的で説明責任のある包摂的な制度を構築する。

目標14
【 海洋資源 】
持続可能な開発のために海洋・海洋資源を保全し、持続可能な形で利用する。

目標17
【 実施手段 】
持続可能な開発のための実施手段を強化し、グローバル・パートナーシップを活性化する。

contents 目次

第 1 章

文明の誕生と崩壊
― 熱力学で理解する持続可能な文明の条件 ―

1-1 世の中の現象はすべて熱力学に支配されている
―非平衡に生まれる "散逸構造" とは

⑴ 世の中をシステムとしてみていく

この本では世の中のさまざまな現象を「システム（system）」という視点でみていきます。システムとは、さまざまな要素から構成されているものに対して、その境界（boundary）を考えることにより、その境界の内側に含まれるものをまとまったひとつの単位で考えていく方法です。図 1-1 に示すように、境界を設定して、その内側と外側に区別して考え、その境界の中の状態や、その境界を越えて出入りするものをみていく考え方です。このとき、境界より外側を「環境（environment）」ということが多いです。

また、境界はひとつに固定的に定まるものではなく、システムの中にも多くのサブシステムを考えることができ、逆に考えているシステム自身がさら

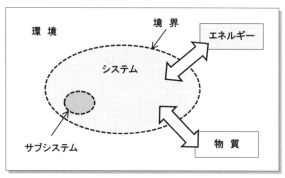

図 1-1 システムは境界を考えその中と外の関係をみていく

1

に大きなシステムの一部であることもあります。このように一般的なシステムは階層構造となっていることが多いです。そして、世の中のさまざまな現象をシステム的にみていく場合は、その境界を通してエネルギーの出入りと物質の出入りを考えていきます。

　ひとつの例として、「地球」をシステムとしてみるとどうなるでしょうか？　図1-2のように地球全体が丸ごと入る境界を考えて、そこに出入りするエネルギーと物質を考えていきます。

　すぐわかるように、入るエネルギーは太陽光です。それでは、出ていくエネルギーはあるでしょうか？　人工衛星などが撮影した地球の姿を浮かべてみても、地球から出ていくエネルギーは雲や海、陸地に反射する太陽の反射光以外はないように思えます。しかし、後にも説明するように、地球にも物理学のエネルギー保存則が適用されますので、出ていくエネルギーがないと、地球に徐々にエネルギーが蓄積されていってしまいます。実際は赤外線という目に見えない形で宇宙にエネルギーを放出しています。地球に入った太陽光エネルギーと同じ量のエネルギーを反射光と赤外線の形で宇宙に放出しています。

　次に出入りする物質について考えてみます。入る物質は隕石や宇宙デブリ（ロケットや人工衛星の残骸、破片）などであり、出ていく物質はロケット

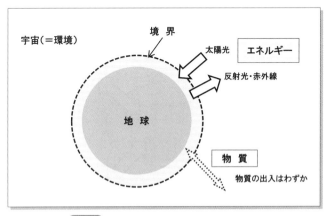

図1-2 地球をシステムとして考えてみる

などが考えられます。しかし、地球に出入りする物質は地球の質量に比べれば無視できるくらいわずかな量であると考えられます。

　もうひとつの例として、「人間」をシステムとしてみるとどうなるでしょうか？　一人の人間の周りに境界を考えて、そこに出入りするエネルギーと物質を考えていきます。入るものは空気（吸気）、食物、水、であり、出ていくものは空気（呼気）、排泄物、水分（汗など）、熱などになります。人間は、食物という物質を取り込んで、その化学エネルギーを体内活動に用いています。地球と同様に取り入れたエネルギーと同等のエネルギーを熱という形で外に排出しています。体の熱をうまく外部に捨てることができない状況になると熱中症を発症してしまいます。

　このように地球と人間をシステムとして考えましたが、この人間と地球のシステムには本質的な違いがあるでしょうか？　図1-3に示すように一般にシステムは大きく分けると「孤立系」、「閉鎖系」、「開放系」の3つに分けることができます。

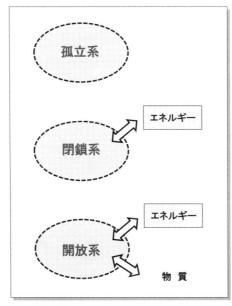

図 1-3 孤立系、閉鎖系、開放系とは

① 孤立系：エネルギーも物質も入出がないシステム

② 閉鎖系：エネルギーの入出はあるが、物質の入出がないシステム

③ 開放系：エネルギーも物質も入出する系

　地球は隕石落下や宇宙ロケットの出入りなどがありますが、地球の質量に比べれば無視できる程度に小さいので、ほぼ閉鎖系とみなすことができると考えられます。また、人間などの生物は、エネルギーも物質も出入りするので開放系であるといえます。

　次にこのようなシステムに出入りするエネルギーに関する法則をまとめていきます。当然、物理的に存在するどのようなシステムも物理法則の支配下にあるため、エネルギーの保存則が当てはまります。エネルギー保存則とはエネルギーの形態（電気、熱、力学、光などの形態）は変わってもエネルギーの総量は変わらないというものです。

　そしてシステムの外から中に入っていくエネルギーと、中から外に出ていくエネルギーが等しければ、システム内部に留まっているエネルギーは一定に保たれています。一方で、システム内に流入するエネルギーが、流出するエネルギーより大きい場合は、システム内部にエネルギーが蓄積されていきます。逆に、流出するエネルギーが流入するエネルギーより大きい場合は、

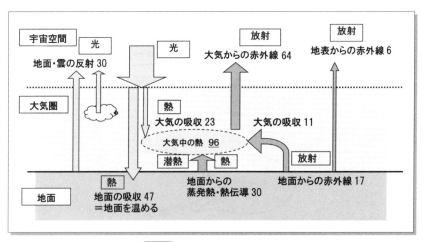

図1-4 地球のエネルギー収支

システム内部のエネルギー蓄積は減少していきます。

　図 1-4 に示すように、地球に入るエネルギー量と出ていくエネルギー量は同じであり、太陽光エネルギーとして地球に入り、一部は雲や陸地などに反射してそのまま宇宙に放出され、地球に吸収され熱となったエネルギーは、赤外線という形で宇宙に放出されています。ここで流入するエネルギーと流出するエネルギーの総量は等しくなっています。もし地球から放出される熱がなくなれば、このエネルギーバランスが崩れ、あっという間に地球は灼熱地獄の世界になってしまいます。

(2) エネルギーにも質がある

　それでは、太陽から地球に降り注ぐ太陽光エネルギーを同じ量の赤外線にすると、地球は同じように動植物で繁栄をする世界になるでしょうか？　赤外線ヒーターで地球を暖めるようなイメージです。このとき、太陽光のエネルギーと同じ量のエネルギーを地球に供給します。少し考えると、暗い地球が想像され、植物の光合成などのエネルギー変換が起きないような世界となり、今の地球にあるような動植物の繁栄も限られているような風景が想像されるのではないでしょうか。

　実は同じ量のエネルギーであれば、すべて同じ物理的な効果を引き起こす潜在力（ポテンシャル）を持っているかというそうではなく、エネルギーにも「質」があり、高品質なものと低品質なものがあります。

　一般的にいうと図 1-5 に示すように、狭い範囲に閉じ込められて、整然とそろっている（エネルギーが空間の一部に局在化している）エネルギーは質が高いと考えます。たとえば、エンジンのシリンダーの中などの狭い空間に閉じ込められた高温の燃焼熱は、周囲の空気に比べ、熱が一か所に集まっているので、質が高いエネルギーになります。また、銅線中を電子が一定の方向に動いている電流なども、銅線という局所的な空間に電子が集まっていて、一定の方向に移動しており、質が高いエネルギーとなります。

　一方で、広い範囲にバラバラに散らばっているエネルギー（広い空間に均

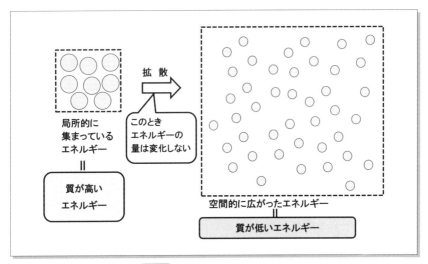

図 1-5 エネルギーにも質がある

質化して散らばっているエネルギー）は質が低いと考えます。エンジンの排気ガスから空気中に放出され、空気中に広まって分散した熱エネルギーは温度が低くなり、エネルギーの総量としてはシリンダーの中と同じであっても、シリンダーの中の状態のときよりもエネルギーの質が低いとみなすことができます。なぜならシリンダーの中の高温のエネルギーでは自動車のタイヤを回転させる動力を生み出すことができる一方で、空気中に広まった低温の熱では、エンジンを動かすこともはやできなくなるからです。エンジンは、高温高圧の質の高いエネルギーが供給されることで、そのエネルギーから動力（力のエネルギー）を取り出すことができる機械です。質の高いエネルギーは、動力を取り出すことができるなどの利用価値がありますが、同じ量の熱でも低温で広く拡散してしまった質の低いエネルギーは利用価値がほとんどなくなります。

(3) エントロピーを理解する

　それでは、エネルギーの質を数値で表す方法はないでしょうか。一般的なエネルギー量を表す単位はジュール［J］や、カロリー［cal］ですが、これ

はエネルギーの量の大小を表すもので、エネルギーの質を表すものではありません。

　エネルギーの質を測る指標として「エントロピー（entropy）」という物理量があります。ここではその概念を説明していきます。また、エネルギーの形態としては、力や電気などさまざまな形態がありますが、ここでは説明を簡単にするため、熱についてのみ考えます。

　まずはじめに「温度」と「熱」の違いを区別して説明できる必要があります。日常生活では「体温が高いこと」を「熱がある」などと表現して、温度と熱の用語をあまり区別しないで利用することが多いです。

　ここで容器に閉じ込められて、一見静止しているような気体を考えてみます。この気体には絶対零度でない限り熱が含まれています。「熱」とは気体の分子がもっている運動エネルギーの総量です。一見静止している気体でも、細かく分子レベルでみていくと、気体の分子が猛烈な速度で動いて、ぶつかり合っています。分子には速度の遅い分子もある一方で速い分子もあり、それらがお互いに衝突し、運動エネルギーを交換しています。このとき気体の温度が高いほど、大きな運動エネルギーを持った分子の比率が大きくなり、逆に温度が低い気体ほど小さい運動エネルギーの分子の比率が多くなります（図1-6）。温度は、さまざまな運動エネルギーを持った分子がどのように分布しているかの程度を表すもので、大きな運動エネルギーをもった分子の比率が大きいほど、温度が高くなります。また、「熱の流れ」は分子が相互にぶつかり合いながら、運動エネルギーが空間内に移っていくことを指します。

　それでは次に、エネルギーの質をはかる物差しとしてのエントロピーを考えていきます。一般にエントロピーという量が低いと質が高く、エントロピーが高いと質が低くなります。

質が高い　＝　エントロピーが小さい（秩序がある）

質が低い　＝　エントロピーが大きい（無秩序である）

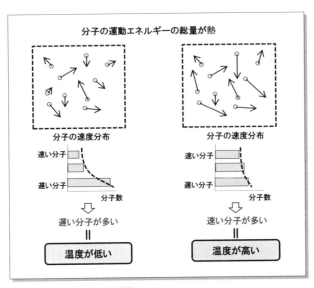

図 1-6　温度と熱の違い

　それではエントロピーを理解していくために、まず気体が閉じ込められた
容器を考えていきます。容器内の空間を図 1-7 のように仮想的に縦横に細か
く分割して空間ブロックを考えます。閉じ込められる気体の分子は膨大な数
になりますが、ここでは見やすくするため少数の分子を考えていきます。
各々の分子は運動エネルギーの大きなものもあれば、小さいものも分布して
います。そして図のように分子の運動エネルギーの大きなグループから小さ
いグループまでいくつかの分子のグループを考えるとします。温度が高い気
体ほど、運動エネルギーの大きなグループにたくさんの分子があり、逆に温
度が低い気体は、運動エネルギーの小さいグループのみで構成されていま
す。

　ここで一度、容器の空間ブロックと気体の分子を分離して考えます。図
1-8 のように、これらのさまざまな運動エネルギーを持っている分子を、容
器内の各空間ブロックのどこかに配置すると考えていきます。

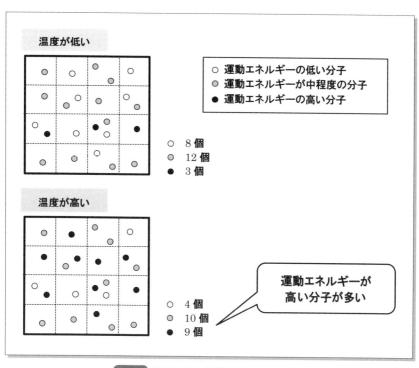

図 1-7 容器の中を空間ブロックで考える

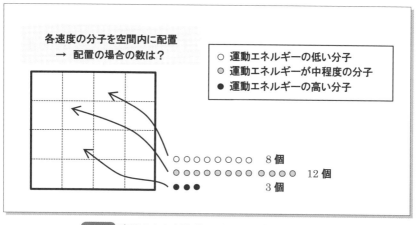

図 1-8 容器の中の空間ブロックに分子を配置していく

　このとき各々の分子を空間ブロックに配置する組み合わせの数（場合の数）を考えると、温度が高く分子エネルギーのグループ数が多いときほど、分子を空間のどこに配置するのかという「場合の数」が多くなることがわかります。1種類の果物を5人で分ける場合の数よりも、複数種の果物を5人で分ける場合の数のほうが多くなるということは直感的にもわかると思います。

　実際の分子は膨大な数があり、1リットルの気体の場合は、10^{22} ぐらいのオーダーになります。その分子の配置をひとつひとつ考えていくと、その場合の数はさらに大きな桁の数になります。このような非常に大きな数を表すときに、対数（log）を用いると情報を整理しやすくなります。簡単にいうと対数は数値のオーダー（桁数）を表す指標であるといえます。

　容器に閉じ込められた気体のような孤立したシステムにおいて、分子の運動エネルギーの空間配置を考えるなど、与えられた条件のもとでシステムがとることのできる微視的状態の場合の数を W とすると、それを対数にした値を定義することができます。これがエントロピー S となります。式で表すと、

$$S = k \log W$$

と表わされます。実際にこの式は統計力学（分子の視点から熱力学を考えていく学問）から導かれる式であり、ボルツマンの原理と呼ばれています。k はボルツマン定数という比例定数で、式の左右の単位の違いを調整するための係数です。

　そして温度が高いほど、大きな運動エネルギーを持った分子の数が多くなることにより、分子の運動エネルギーを配置する場合の数が増え、エントロピー S は大きくなります。逆に温度が低いほど、多くの分子は小さい運動エネルギーのグループに入り、場合の数が小さくなるためエントロピーは小さくなります。さらに絶対零度では分子の運動はすべて止まってしまうの

で、分子の運動エネルギーはすべて0となり、分子も固定されてしまい分子運動エネルギーの配置の場合の数は1通りとなります。log1 = 0なので、絶対零度でのエントロピーは0になります。

　さきほど、シリンダーに閉じ込められた高温の熱は質が高いといいましたが、質が高ければエントロピーが低いはずですが、ここでの説明では、温度が高いほど場合の数が増えエントロピーが大きくなるということになり、シリンダーの内部のエントロピーは高い（＝質が低い）と矛盾するように見えます。

　このシリンダーを考える場合は、シリンダーを取り巻く環境系も含めて考えます。図1-9のようにシリンダー内部と周囲の環境を含めた空間で、空間ブロックを考えていきます。この空間に含まれる分子を運動エネルギーの大きさ別に分類して、その配置を考えていきます。このとき運動エネルギーが

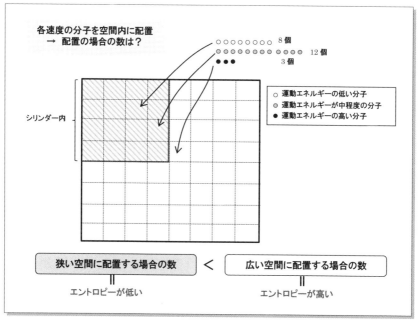

図1-9　シリンダーの中の熱のエントロピー

大きい分子を空間の一部分に集中して配置したほうが、全体に配置するより
も場合の数が小さくなります。このためこの空間では、局所的に熱が偏って
いたほうが、熱がすべて空間に分散してしまうよりも、場合の数が小さくな
りさきほどの式 S = k log W より場合の数 W が小さくなりエントロピー S
が低い状態になります。そしてこのような状態であれば、エンジンを動かし
て動力を取り出すことが可能となり、エネルギーとしては質が高いというこ
とができるのです。

　もうひとつ、熱力学の教科書に出てくるエントロピーの式で、

$$dS = dQ \diagup T$$

というものがあります。Q はシステムに流入する熱、T はシステムの温度
（絶対温度）、S はエントロピーであり、d は微分積分ででてきた記号であ
り、微小な変化を表すものです。この式を言葉で書き換えると

微小なエントロピーの変化 ＝
　　　　システムに流入した微小な熱量／システムの絶対温度

となります。この式は同じ量の熱量がシステムに入ってきても、そのシステ
ムの温度が違うと、エントロピーの増加量に違いが出ることを示していま
す。温度が高いシステムでは（分母が大きいため）同じ熱量が加わっても、
エントロピーの増加は小さく、温度が低い場合は（分母が小さいため）、同
じ熱量が加わった場合は、エントロピーの増加が大きくなります。

　この式を理解するために、図 1-10 のような気体の入った容器に熱が流入
する場合を考えます。熱が流入するということは、システム内部の分子に運
動エネルギーが与えられるということになります。このとき、気体の温度が
低い場合は、大きな運動エネルギーを持っている分子グループがいない状態
であり、分子グループを配置する場合も数が小さい状態となっています。こ

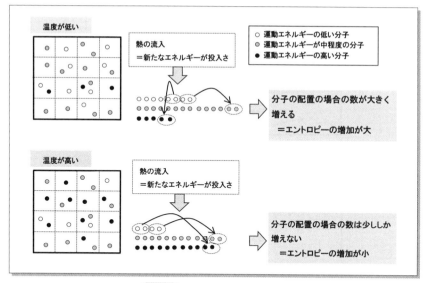

図 1-10 dS＝dQ／T の解釈

こで少し大きな運動エネルギーが与えられると、運動エネルギーが大きい分子グループが生まれ、場合の数が一気に増加し、それによりエントロピーが大きく増加します。逆に、気体の温度が高い場合は、もともと運動エネルギーが大きなグループがある中に、運動エネルギーが追加されて運動エネルギーの大きな分子が少し増えても、場合の数はそれほど増加しませんので、エントロピーの増加分も少なくなります。これがこの式の意味です。

　ここまでの説明は、気体の容器の体積が一定の場合を考えていました。次に熱が流入すると同時に、容器の体積が変化する場合も考えていきます。気体の体積を大きくなると、分子を配置する空間ブロックの数も比例して多くなると考えれば、場合の数も当然大きくなることがわかります。さきほど空気中に拡散してしまった熱は、質が低いエネルギーという説明をしましたが、この状態は、空間に配置するブロック数が増加することで、場合の数が増えエントロピーが増加した状態になると解釈することができます（図1-11）。

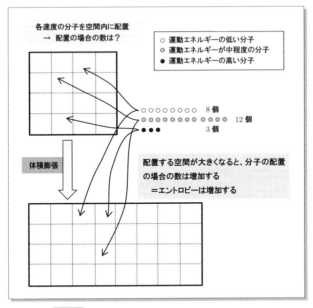

図 1-11 体積の膨張によるエントロピーの変化

　以上のように、シリンダーに閉じ込められた高温の熱は、周囲の大気環境も含めた場合の数で考えれば、場合の数が小さくエントロピーが低い状態であり、質の高いエネルギーということができます。また大気中に広まってしまった熱は、空間に配置する分子の場合の数が増加しエントロピーが高い状態であり、質の低いエネルギーであるということができます。

　次にエントロピーという量に関わる法則についてみていきます。エントロピーという量は常に増加するほうに変化するという法則があります。これは熱力学の第2法則を表すひとつの表現となっています。熱力学の第2法則は、簡単にいうと「エネルギーは質の高いほうから低いほうへ変化する」ということです。たとえば、空間の一部に集まった質の高い高温の熱は、徐々に拡散して低い温度となり空間内に広まっていきます。室内に置かれたカップに100℃のお湯が入っている場合、お湯の熱は温度の低い空気中に逃げ、お湯の温度は室温と同じになるまで下がっていきます。この逆方向の熱の流れは、どんなに長時間観察していても起こることはありません。

　一方でニュートンの運動法則からみれば、分子の運動は、時間を逆にしても成り立ちます。多くの剛球（固い球）同士がエネルギー的な損失なしにぶつかり合っている状態を考えた場合、ある瞬間にすべての剛球の速度を逆にすれば時間をさかのぼった現象を観察できます。分子の運動を剛球の力学的衝突という視点でみると、分子の運動は時間を可逆にしても成り立つのに、熱の移動という点では、どうして一方向にしか流れないのでしょうか。これは、熱を空間の一か所に集中的に配置する場合の数よりも、空間内に均一に配置した場合の数のほうが圧倒的に（桁の数が 10 つ以上ぐらいの違いで）大きくなります。それぞれの場合が確率的に同じ頻度で起きると考えると、分散している熱が一か所に集まるという現象は確率的には宇宙の歴史を何回も繰り返しても 1 回も起きない程度になり、実質的には自然には起きないといってよい程度になります。我々の観測時間のなかでは、このようなことにより、常に場合の数が多い状態が多く観測されるため、ひとつの熱はひとつの方向に流れる、すなわち時間は一方向に進むように観察されるのです。このため、エントロピーは常に増大するほうに進むとう法則が成り立ちます。

　そして、熱力学の第 2 法則からいえるもうひとつのことは、エントロピーを低い状態にするためには、外部から新たなエネルギーを投入して操作しないと、その状態は作れないということです。たとえば、冬場、大気中に散らばった熱を集めるには、ヒートポンプ（暖房のエアコン）を用いれば、熱を集めて室内に送り室内を暖めることができますが、そのためには、ヒートポンプを動かすための電気エネルギーをコンセントから新たに投入しないとヒートポンプは動きません。

　また宇宙全体を孤立系とみれば、宇宙全体のエントロピーは常に増大していき、最終的には宇宙はエントロピーが増大しきった「熱的な死」へ向かっていると考えられます。この状態では、至るところで温度差がない状態なので、物質を動かす動力も生まれず、化学変化も原子核変化も起きない状態で、すべてが止まった状態になります。

⑷ なぜ生命などの高度なシステムが自発的に生まれるのか：非平衡系に生じる「散逸構造」

　これまでの話は、容器に気体が入っているような状況を考え、熱が流入してもその量はわずかで、気体の温度はほとんど変化がない一定の温度になった状態を考えてきました。このような状態を平衡な状態といいます。

　一方で平衡ではない非平衡系とは、常にエネルギーの流入と流出があるシステムであり、場合によっては温度の変化もあるような状態のことをいいます。このような状態ではエントロピーはどのようになるのかを考えていきます。

　前項と同じように、気体を封入した容器などのシステムへの熱の流入と流出を考え、空間をブロックに分け、分子の運動エネルギーの空間内での配置という見方で考えていきます。このとき容器には常に熱の流入と流出が継続的に起こっている状態を考えます。容器の一部から熱が流入して、一部から熱が出ていくような場合は、容器の内部で熱の局所的な分布や流れを考えることが必要になってきます。このとき、分子の運動エネルギーの配置は、容器全体の空間ブロックで考えるのではなく、局所的なブロック群ごとに考えていく必要があり、容器内の部分部分で分子の運動エネルギーの配置を考えると場合の数も局所的に定めることができます。よって、エントロピーも容器内で局所的な値としてその分布を計算することができると考えられます（図1-12）。また、容器内の空間を分割してそれぞれをサブシステムとして考え、サブシステム間での熱のやり取りと考え、各システムでの局所温度が定まれば、

$$dS = dQ \diagup T$$

により局所的なエントロピーの増減も計算できます。このように、非平衡系であっても局所的なエントロピーという量を定義することが可能であることがわかります。

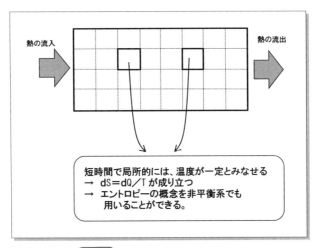

短時間で局所的には、温度が一定とみなせる
→　dS＝dQ／T が成り立つ
→　エントロピーの概念を非平衡系でも
　　用いることができる。

図 1-12　非平衡系でのエントロピー

　このような常にエネルギーや物質が入出している系を非平衡系と呼びます。そしてこのような系には、「散逸構造」と呼ばれる特殊な状態が観察されることがあります。散逸構造とはベルギーの化学者イリヤ・プリゴジンが見出した非平衡系に見られる現象のことです。プリゴジンは散逸構造の理論で 1977 年のノーベル化学賞を受賞しています。

　非平衡系では、システムに入ってきたエネルギーが熱力学の第 2 法則に従って、システムの空間内で散逸して徐々に広まっていきます。このとき、非常にゆっくりと広まっていくときには、エネルギーが徐々にポテンシャルの低いところに移っていき、何も特徴的な現象は起きないことがほとんどです。

　しかしシステム内でエネルギーのポテンシャル差が大きい場合（熱の場合は温度差が大きい場合）、エネルギーが散逸する過程（熱の場合は熱が拡散する過程）では、システム内の物質系の動きに構造が生じる場合（熱を伝える流体に渦が生じる現象など）があります。これが「散逸構造」と呼ばれているものです。

　身近な例としては、図 1-13 のような鍋で加熱している味噌汁に発生する

ベナール対流があります。これは下面から熱が流入するような状態のとき、まず鍋の下のほうの液体が加熱され膨張することで浮力が発生し、上方向への流れが誘発されます。上に流れた流体はその周囲の液体に下方への流れを誘発し、連続的に並んだ渦が形成されます。しかし、上部を加熱したときにはこのような対流は発生しません。

このほかに、大気の対流も熱せられた地表と冷たい成層圏の間で起きるベナール対流とみなすことができます。このように、散逸構造の特徴としては、システム内部の物質の構成要素に自己組織的な構造を生じさせ、エネル

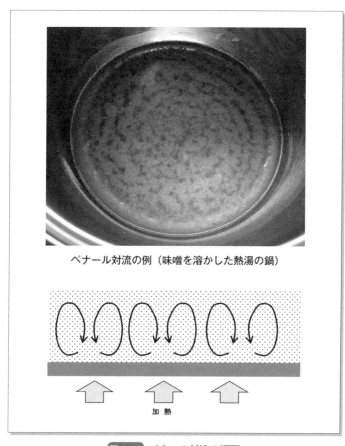

ベナール対流の例（味噌を溶かした熱湯の鍋）

加熱

図 1-13 ベナール対流の概要

ギーが供給されている限り継続性があるということがいえます。また、システム内の物質には循環運動が起きていることが特徴です。そしてこのようなベナール対流などの散逸構造をエントロピーの視点からみると以下のようになります。

　ベナール対流の内部を微視的にみてみると、流体の分子群が渦の方向に整然とした動きをとっていると考えられます。このとき流体の分子運動の配置の場合の数は、分子の運動方向がある方向に限定されていると考えられます。これは渦がない部分で、各分子がさまざまな方向にランダムに運動を行っている場合よりも場合の数が小さくなると考えられます。すなわち、ベナール対流の渦の中は場合の数が小さく、エントロピーが低い状態となっていると考えられます。

　これは常にエントロピーは増大する方向に状態は変化するという熱力学第2法則とは矛盾するように見えます。しかし、ベナール対流において下から加熱されている熱は、ベナール対流ができたことにより、より早く上部に熱が伝わるようになります。これは、下部から上部への熱の散逸を速めていることになり、ベナール対流を含めた全体の熱の流れを考えたときは、下部の高温の熱が上部の低温の領域に移動することにより、熱の配置の場合の数を増加させていることになり、全体ではエントロピーは増加しているとみることができます。

　このように、ベナール対流の渦の中のエントロピーは局所的に小さくなりますが、それを取り巻く環境まで含めた全体を考えると、エントロピーは増大していることになり、熱力学第2法則に反したものにはなりません。

(5) 生命も散逸構造系である：しかし対流と何が違う（共通点と相違点）

　同様に、生命もシステムと考えると食物エネルギーの持つ質の高いエネルギーと排泄物や排熱のもつ質の低いエネルギーとの差に生じる散逸構造であると考えることができます。

　植物の場合は、太陽光という質の高いエネルギーを受け取り、光合成を行

い、でんぷんという化学エネルギーの形でエネルギーを保存するとともに、残りのエネルギーは熱という形で空気に放出しています。植物は動物のように高い体温があるわけではないので熱を放出しないように見えるかもしれませんが、水が気化するときの気化熱という形で、水蒸気で熱を放出しています。植物の葉の裏に多く分布している気孔と呼ばれる穴から水蒸気などを放出して熱を外部に捨てています。

　また動物の場合は、食物に含まれるでんぷんや糖などが持つ化学エネルギーの形で質の高いエネルギーを体内に取り入れ、皮膚などから熱という形で質の低いエネルギーとして捨てています。このエネルギーの質の差から筋肉を動かして活動するための有効なエネルギーを得ています。生命も質の高いエネルギー源を利用して熱を放出しながら力を取り出すエンジン（熱機関）であるとみなすことができます（図1-14）。

　そして、この生命活動の過程で、体内は秩序立った組織体を形成して生化学反応が整然と行われています。このようにそれぞれの分子が高度に組織化され秩序をもっている状態は、それぞれの分子が勝手な乱雑な反応をする状態よりも、場合の数は低い状態であり、エントロピーが低い状態といえます。体内のたんぱく質などの高分子が整然とならび機能している状態は、アミノ酸分子がランダムに配置されているときに比べて場合の数が低い状態で

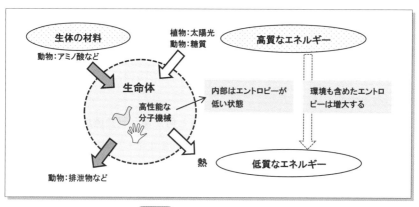

図1-14　生命体のエントロピー

あり、すなわちエントロピーが低い状態になっています。生命体は外部の質の高いエネルギーを利用して体内のエントロピーを低い状態に保っています。しかし、エントロピーを低い状態に保つためには、高質のエネルギーを継続的に消費していく必要があり、このため生命体の外部も含めたエントロピーは増大していきます。生命体は多くの太陽光エネルギーや食物エネルギーを熱に変換しており、局所的な高質のエネルギーを、エントロピーの大きな熱に変えています。生命体の内部と外の環境を含めたエントロピーは減ることはなく増加していきます。

　このように、生命体もベナール対流と同等に内部のエントロピーを低い状態に保つために外部のエントロピーをさらに増大させている現象ですが、その生命体とベナール対流には決定的な違いがあると考えられます。それは生命体がもつ固有の特徴として、「自身の体を構成する情報を保持する」、「進化することで内部構造がより複雑になり、体や機能の複雑さを増すことができる」、「生命体自身を複製する」などの能力を持っていることです。これらはベナール対流にはないものであり、生命体は「より複雑になる」能力をもっているように思われます。これはよりエントロピーが低い状態のほうに進む方向性をもっているということもできます。

(6) 生態系も散逸構造、人間社会も文明も散逸構造系

　次に生態系を考えてみます。生態系は多くの生命体が食物連鎖でつながっているものです。ここでは生態系をひとつのまとまりであるシステムとして考えていきます。そうすると生態系も、外部の質の高いエネルギーを使用して、さまざまな生命活動を生み出すエンジン（熱機関）であるといえます（図 1-15）。

　生態系というシステムには外部から太陽エネルギーが供給され、これが生態系を稼働させる高質のエネルギー源になります。太陽エネルギーを得て、植物が光合成を行い植物自身が形成されます。さらに動物が植物を食べることで、動物の体の構築や活動エネルギーを得ています。また食物連鎖という

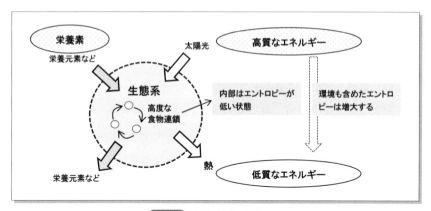

図 1-15 生態系も散逸構造系

つながりの中で、動植物の体を微生物が分解することで、土の栄養分として還元され、動植物を維持するための原料となる物質が循環する構造が保たれています。このように太陽エネルギーは生態系のすべての活動を支えるエネルギーであり、最終的に生態系から放出される熱として生態系システムの外に放出されています。

　このように、食物連鎖によってつながった生態系もエネルギーポテンシャルの中に生じる、自己組織的な構造をもったものであり、物質の循環を内包している現象であり、散逸構造とみなすことができると考えられます。

　同様に、多くの人間が集合することで作られる社会（国家も含まれます）、都市もシステムとして考えることができ、高度に秩序立った社会システムや都市システムは散逸構造であるとみなすことができると考えられます（図1-16）。

　社会や都市も外部からのエネルギーの投入によって維持されています。現在の社会や都市では、一部は再生可能エネルギーを用いていますが、エネルギー消費の多くは石油などの化石燃料となっています。化石燃料は安価で容易に高温高圧のエネルギーを生み出すことが可能であり、これにより社会システムや都市システムに質の高いエネルギーを豊富に供給できるようになり、社会や都市を秩序の高い状態、すなわちエントロピーの低い状態に保つ

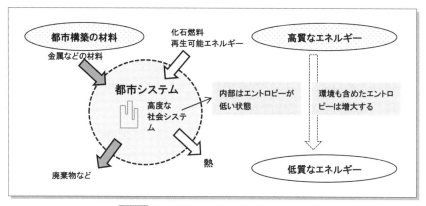

図 1-16 社会・都市システムも散逸構造系

ことができています。同時に社会・都市システムからは排熱という形で、質の低い熱エネルギーが放出されています。社会や都市はこのような化石燃料の燃焼に基づく高質のエネルギーによって、局所的に人間と物質の組織だった領域を自発的に作り出す現象ととらえることができます。これより、社会や都市システムも非平衡なエネルギーの入出の中に生まれる散逸構造であるとみなすことができと考えられます。

都市も高質なエネルギーを取り込み、熱を排出する散逸構造体と考えることができる

(7) エンジン（熱機関）は人工的に作られた散逸構造

　エンジン（熱機関）は、高温熱源と低温熱源を利用して、動力（力学的エネルギー）を取り出す機械であり、ガソリンエンジンであれディーゼルエン

ジンであれ蒸気機関であっても基本的には同じ原理で動いています。これらのエンジンを動かすためには、必ずエネルギーとして質の高い「高温の熱源」と、エネルギーとしては質の低い「低温の熱源」が必要です。エンジンを動かすためには、ガソリンや軽油を燃やした炎や、高圧の蒸気が必要なことから「高温の熱源」が必要なことはすぐにイメージしていただけると思います。また一方でエンジンから出る熱を捨てるための低温の熱源も必要となります。この低温の熱源は、身近にあるエンジンであれば、周辺の大気がこれにあたります。もし周囲の大気がエンジンの燃焼温度が同じくらい高温になったら、エンジンは熱を捨てることができずに止まってしまいます。このように、エンジンは、高温のエネルギーと低温のエネルギーがセットで必要となります。

　そしてエンジンは、この高温の熱エネルギーを動力（力学的エネルギー）に変換する装置です。このとき高温のエネルギーがすべて動力に変換されるわけではなく、熱力学の理論上で最も効率のよいカルノーサイクルとよばれる架空のエンジンでも、100％の変換効率は実現できません。動力には変換されず熱として放出されるエネルギーが必ずあります。そして、動力に変換できるエネルギー分をエクセルギー（または有効エネルギー）と呼び、変換できないエネルギー分をアネルギー（無効エネルギー）と呼んでいます。熱の場合には、その温度レベルによって、エクセルギーの割合が変わってきます。同じエネルギー量でも、その温度が高いほどエクセルギーが大きくなります。このため、エンジンの効率を高くするには、燃焼温度を高くすればよいことがわかります。エンジンの効率を高める技術開発の歴史は、内部の燃焼エネルギーの高温化の歴史でもあります。

　このように、エンジンも高温の熱源と低温の熱源のエネルギーの質の差を利用したものであり、その差から動力を得るものです。また、動力を連続的に取り出すためには、シリンダーの中で、気体をいくつかの状態に変化させて、それを繰り返すという循環プロセスが必要になってきます。エンジン内のシリンダーでは局所的な低エントロピー状態を内部に作り、ピストンが組

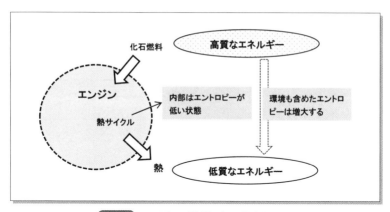

図 1-17 エンジン（熱機関）も散逸構造系

織立って動く状態をつくることにより熱を動力に変換しています。そしてエンジンは、動力エネルギーを取り出すとともに、外部には熱を捨てており、エンジンを取り巻く環境も含めて考えると、エントロピーの増大を加速しているものであるといえます。エンジンは、自然現象として自発的に生まれたものではありませんが、内部に散逸構造と同様の現象を起こす機械だということもできると思います（図 1-17）。

　蒸気機関の発明により大規模な動力を手にした人類は、材料の加工量を飛躍的に増大することが可能となり、さらに材料の加工度を一気に高くすることができるようになりました。材料加工においては、各種の工作機械の発明により、金属を削ったり、変形させることが可能となり、複雑な機械を生み出すことが可能となりました。それより以前は職人技術によってのみ作られていた金属加工品が、一定の訓練をうけた人間なら誰でも機械が動かすことで作成できるようになり、大量生産システムの基盤となっていきます。このように、エンジンは、人間の社会のエネルギーの利用に質的な変化をもたらすものとなりました。

漁船などに用いられているディーゼル機関
（ヤンマー製 200kW クラス、水産大学校海洋機械工学科・内燃機関研究室）

1-2　なぜ生命は高度に進化し繁栄するのか？

⑴ 複雑で高度化する生命体

　生命体は、取り入れる食物エネルギーと排出するエネルギーの間でのエネルギーの質の差を利用したエンジン（熱機関）であり、秩序立った構造が自己組織的に生じる散逸構造であるということを前項でまとめました。そして、生命体が単なるベナール対流と違うのは、その内部の組織をより複雑に高度化する能力を持っていることであると述べました。生命体の進化プロセスをみると、最初は単純な単細胞生物であったものが多細胞生物になり大型化してきて、体の複雑さが徐々に増加してきているとみることができます。それではなぜ生命は複雑な体へと進化していくのでしょうか？（図1-18）

　エネルギーの消費を抑えるという点では、大きな体になった動物でいるより、微生物でいたほうがエネルギー消費は少なくてよいであろうし、小さい

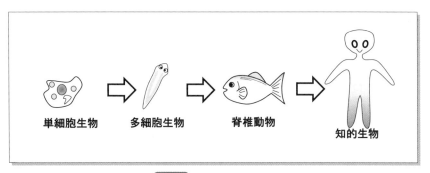

単細胞生物　多細胞生物　脊椎動物　知的生物

図 1-18 複雑化する生命体

体のほうが必要な物質も少なく効率的ではないかと考えられます。

　エントロピーの視点でみると、複雑な形態やメカニズムをもった状態であるほうが、生命体内部のエントロピーはより低い状態に保たれているとみることができるので、そのより複雑な体の構造を維持するためには、より多くの質の高いエネルギーを得て、熱として放出していく必要があります。このため体内の複雑なシステムを維持するために、食物エネルギーをたくさん取り入れる必要があり、生命体の外の環境も含めたエントロピーはより大きく増加していきます。

　質の高い多くのエネルギーを消費して、体内をエントロピーの低い状態を維持している生物は、食べ物の供給が滞れば、短時間のうちに死んでしまうことになります。体が大きくなることは、必要な食物エネルギーが摂取できないリスクを高めるものであり、より環境に適用するという進化の流れとは相入れないような気もします。

　ベナール対流でも同じように、外部からエネルギー供給が滞れば、対流は消滅してしまいますが、仮にエネルギーの供給が継続されても、対流はより複雑な対流に進化したりはしません。なぜ生命体はより複雑なものへと変化していくのでしょうか。（対流も、供給する熱量がさらに増加すると、その次の段階の流れの位相に変化し「乱流」と呼ばれる状態になります。この乱流の内部には大小さまざまな渦が階層化されており、エネルギーの散逸が一

層増加されています。このように考えると、乱流も複雑な構造体という見方もでき、対流もより複雑なものに変化するといっていいかもしれません。)

(2) エントロピー生成率最大化

　生物がより複雑に進化する理由を考える前に、非平衡系の熱力学の一般論に戻って考えていきます。熱の流入と流出が継続され、内部が平衡状態になっていない非平衡なシステムでは、エントロピーはどのように増加していくのでしょうか？

　ここでも説明を簡単にするためにエネルギーとして熱のみを考えていきます。平衡の状態では、システム内部の温度が一定になり、エントロピーがそのシステムでは最大の状態で一定になっています。それでは次に平衡から少し外れた状況を考えます。平衡から少しずれて、外部から熱が少し加わり、システム内部にわずかな温度差ができている状況を想定します。このような平衡に非常に近い非平衡状態では、熱がシステム内で拡散しゆるやかに平衡に近づいていくので、システムの中のエントロピーも最大へと向かっていくと考えられます。このときエントロピーが徐々に最大になっていく過程をみると、最初は熱が大きく移動することでエントロピーも大きく増加し、平衡に近づくにつれ熱の移動も少なくなりエントロピーの増加量も小さくなっていきます。単位時間あたりに増加するエントロピーを考えると、最初は大きかったものが徐々に小さくなり、エントロピーの増加率（これをエントロピー生成率といいます）は最小化していきます（図1-19）。これは「エントロピー生成最小の原理」とよばれていて、プリゴジンらによって提唱されたものであり、非平衡な熱状態を支配する数少ない原理のひとつであるといわれています。

　しかし、非平衡の度合いがさらに大きくなると、ベナール対流のように循環現象が現れるなど、システム内部に散逸構造が生じる場合がでてきます。非平衡系であれば必ず散逸構造が現れるというわけではなく、現れる場合と現れない場合があります。そして、散逸構造が現れると、内部はエントロ

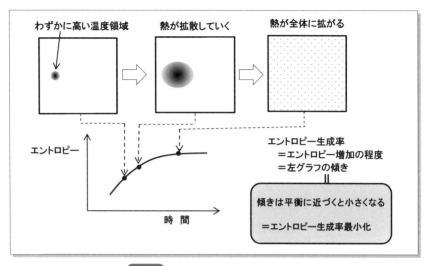

図 1-19　エントロピー生成最小の原理

ピーがより低い状態になり、システム外部のエントロピーの生成を大きくします。このような非平衡系では必ずしもエントロピーが最大の状態に落ち着くことがなくなり、エントロピーが増加することも減少することも起こりえます。それでは非平衡の度合いが強い場合は、エントロピーの増加や減少にかかる一般法則はどのようになるのでしょうか？　プリゴジンは、このような平衡からかなり離れた非平衡系では、エントロピーなどの物理量が最大になるとか最小になるような一般的な法則は存在しないといっています[1]。

　しかし近年、このような平衡から離れた非平衡系での「エントロピー生成率の最大化（Maximum Entropy Production）の原理」が一部の学者から提唱されています。クレイドンら（Kleidon and Lorenz 2004）[2]により提案されているエントロピー生成率最大化原理は、地球大気の自由エネルギー（システムに内在するエネルギーのうち、有効に利用できるエネルギー）の流れの過程から導きだされたもので、平衡から大きく離れた開放系において、境界が固定されないなどの自由度が高い場合、散逸構造が生まれ、この散逸構造内で生じる秩序構造によりエントロピーは低くなる（低エントロピー領域

が生まれる）が、散逸系と取り巻く全体の系では、エントロピーの生成率が最大化されるというものです。

　生命体も自らの体を複雑化させることで、体内の秩序をより高度にすることでエントロピーの低い状態を作り出しています。この状態を維持するためには、継続的に質の高いエネルギーを体内に取り込まなければならず、それが熱になって放出する過程でエントロピーが増加していくというのは、1-1節でも説明したとおりです。そして生命がより高度に組織された体に進化していく過程は、体内のエントロピーをより低い状態へと移行させるもので、生命をとりまく環境まで含めるとエントロピーの増加をさらに増やすものであり、エントロピーの生成率が極大化（最大化とは言い切れない？）へ向かっている状態ではないかと考えられます。

　また生態系もさまざまな生物種が食物連携によりつながることで複雑なシステムが生じています。生態系そのものはエントロピーの低い状態として維持されていますが、それをとりまく環境まで考えると、エントロピーは増加しており、生態系のない状態よりもエントロピー生成率は大きくなり、生態系が多様化して複雑になるほど、エントロピー生成率も増加していくものと理解することができます。そして、一定の複雑さを保って維持されている生態系は、エントロピー生成率が極大化されるような状態ではないかと考えられます。

　そして現在の文明も非常に複雑に高度化された都市システムや産業システムを作り出していますが、このような低いエントロピー状態を生み出し維持できるのは、安価な化石燃料を大量に利用し、外部のエントロピーをより増加させることによると考えられ、それにより人口増大や社会の高度化を成し遂げてきました。高度に安定した社会は、社会システムの発達とともに、増加してきたエントロピー生成率が極大化して安定している状態ともみることができます。

　しかし、このエントロピー生成率最大化原理については、非平衡系であればエントロピー生成率が必ずしも最大化するとは限らないという報告もあり

ます[3]。このように、単なる平衡から外れた非平衡系というだけではエント
ロピー生成率の最大化の原理は必ずしも成立しないと考えてもよいようで
す。

　ここからは筆者自身の仮説となりますが、おそらく非平衡系において散逸
構造が生じ、システム内に循環的なプロセスが生じたときに、エントロピー
生成率が極大に向かう方向に進み安定化するのではないかと考えています。
単に温度差があるような物体の中を流れる熱では、温度差が大きくて非平衡
性が大きくても、エントロピーの生成は最大には向かわないと思われます。
非平衡系の中で、散逸構造という循環を内包したシステムが生じると、その
中では、構造的な秩序が生まれエントロピーが局所的に減少していきます。
一方でシステム外の環境系まで含めたエネルギーの散逸量は増加し、エント
ロピーはより増加していきます。そしてこの散逸構造が維持されるために
は、循環プロセスが内部に組み込まれており、継続されていくことが必要と
なります。このとき、その循環プロセスを回すためのより多くのエネルギー
が必要となり、システム全体ではエントロピーの生成率が極大化しているよ
うに見えるのではないかと考えられます（図1-20）。

　さらに、この散逸構造のシステム内部で、より複雑なサブ循環サイクルが
生じて、よりシステム内部の複雑化・高度化が進んでいくような状態になる
と、このようなサブ循環サイクルをまわすためのエネルギーがさらに投入さ
れる必要があり、環境系も含めたエネルギー消費は増え、生成されるエント
ロピーはますます増加していきます。このとき、エントロピー生成率はさら
に高くなり最大化の方向に進んでいるように感じられるのではないかと考え
られます。「エントロピー生成率最大化原理」という普遍原理があるのでは
なく、ある特定の条件下では、エントロピー生成率が最大に向かっているよ
うに観察されるということではないでしょうか。

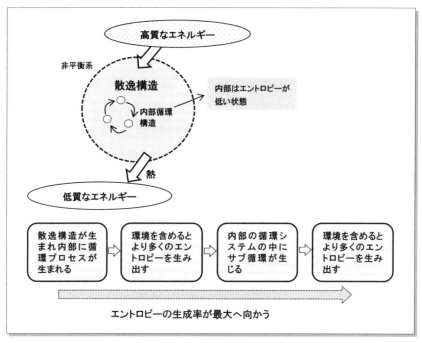

図 1-20 エントロピー生成率の最大化の原理

(3) 生命などのシステムがなぜ複雑化に向かうのかの仮説

　生命などのシステムが高度化・複雑化するということは、生命体の散逸構造内部の循環プロセスの中にサブ循環システムが生じるなどして、システムが多層化していくことであると考えられます。生命がなぜ複雑化に向かうのかを明らかにするためには、このようなサブ循環システムが階層的に生じていく条件を考えていく必要があります。単に循環プロセスが生じているだけでは、必ずしも内部構造がより複雑・高度化していくわけでないと思われます。循環の中の要素が新たな相互作用を生み出し、自由度が増加するという現象が生じる必要があります。さらにその循環プロセス同士の相互のつながりが増加し、つながりの数が一定の臨界点を超えると、システム全体に別の性質が現われるのではないかと思います。このつながりが増加することで別の性質が生まれるということは、パーコレーション（percolation）とよばれ

る科学の一分野で詳しく研究されています。パーコレーションは、浸透や染み出しを意味することばで、例えば図 1-21 のように○印で示す多数の要素があり、その要素がランダムに隣の要素とつながっているような状態を考えます。隣接同士のつながりはランダムな確率で起こり、確率が小さいときはまばらにしかつながりが生まれませんが、大きくなるとつながる数が増加していきます。ある確率より大きくなると、左から右など連続してつながる状態が出てきます。素材の中に小さな穴がたくさん含まれている多孔質の素材などを思い浮かべるとよいでしょう。素材内の小孔同士のつながりが少ないと、水を通さない素材となりますが、小孔同士のつながりが一定以上になると、水を透過させる素材となり、素材としての性質が大きく変わります。このようにパーコレーションは物のつながり方を科学する分野です。

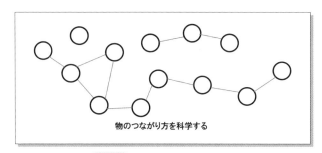

物のつながり方を科学する

図 1-21 パーコレーションとは

　このように生命体の内部でも生命誕生の初期のころは、生命体も単純な構造をしていたと予想されます。その生命体のなかで、アミノ酸を組みたててタンパク質を効率的に生み出したり分解するメカニズムが生じることにより、タンパク質を起点とした新たなサブ循環反応が生まれます。そしてサブ循環反応の種類の数がある一定レベルを超えると、新たな性質が生み出され、生命体の新たな機能の獲得につながっていったのではないかと考えられます。細胞内ではアミノ酸の組み合わせにより多様なたんぱく質を作ることが可能となり、これらのたんぱく質の反応系の自由度が非常に高いため、タンパク質による相互作用の大きなネットワークが生じました。相互作用の規

模が一定以上になると新たな性質が創発され、生体構造や機能を次々に作り出すことに成功したのではないかと考えます。以上のことをまとめると、散逸構造に内包する循環プロセスがより複雑化、多重化していく条件は以下のようにまとめることができます。

① 　対象とするシステムは、大きなエネルギーポテンシャル差をもった非平衡系があり、十分なエネルギーの供給が継続される。

② 　システムを構成する要素が一定以上の数と多様性を持ち、それぞれが相互作用できる大きな自由度があり、そのためそのなかで自己組織的な循環的なプロセスが生じる。これが散逸構造である。

③ 　その散逸構造に内包する循環プロセスの要素のなかで、他のエネルギーや物質を扱う反応ができる条件が整えられ、物質やエネルギーの相互作用の自由度がさらに高くなるという状況が生じる。すなわち散逸構造の循環プロセルの中に、さらに多様な循環のサブシステムを生み出す自由度が生じる。

④ 　循環するサブシステムの相互作用が一定規模になってくると、形態や機能上の新たな性質が生まれる。さらにその性質を踏まえて別の要素間の自由度が生じるようになると、サブシステムのなかにさらにサブシステムが生じることや、サブシステム間の相互作用などが生まれ、階層的なシステムとなる。

⑤ 　このように、要素間の相互作用の自由度を増加し、階層化していくような条件がそろうと、システム内部のエントロピーの減少がさらに進むと同時に、それを維持するためにシステムに投入されるエネルギーがさらに増加する。この過程で環境を含めたエントロピーは増加していき、内部のシステムの複雑さが増加するについて、エントロピーの生成率も最大化へ向かうように観測される。

このように、非平衡系で散逸構造が生まれ、その内部システムの自由度が増加するような条件が生じることが、システムが生まれて進化する（生命が生まれ、進化し、多様化する）ための必要条件ではないかと考えられます。

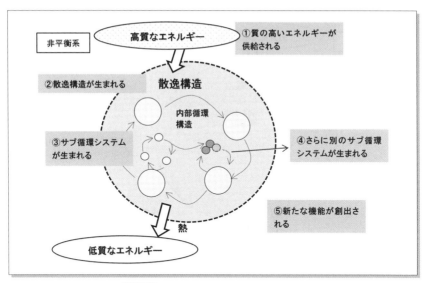

図 1-22 システムが複雑に進化する条件

(4) エントロピー生成率最大化を生命に当てはめてみると

このようなシステムが複雑化に向かう条件を踏まえて、もう一度生命体を
みてみると、以下のようになります。

① 太陽光という質の高いエネルギーが継続的に供給されて、光合成のエ
ネルギー源となっている。一部の生物は、地熱や化学エネルギーを利用
していて、初期の生命も光合成ではないエネルギー源を用いていたと考
えられるが、いずれも質の高いエネルギー（温度が高いエネルギーや化
学ポテンシャルの高いエネルギー）を利用していたと考えられる。

② 質の高いエネルギー源を利用した非平衡システムのなかで初期の細胞
体が形成され、細胞により構成される生命体が生まれた。生命体が散逸
構造であり、質の高いエネルギーを取り込んで、熱という形で放出をし
ている。

③ 生命体の細胞の中で、アミノ酸を合成し多種のタンパク質を生み出す
触媒などのサブシステムが生じることにより、多様なたんぱく質の反応
プロセスが可能となり、複雑な反応系を生み出すことが可能となった。

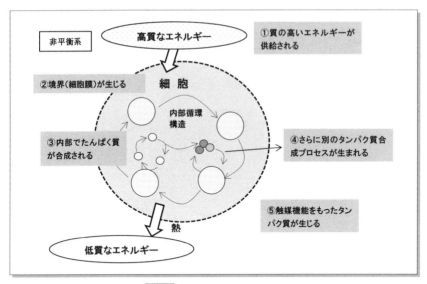

図 1-23 生命のエントロピー図

　これにより、さまざまなタンパク質により複雑な形態を作られ、例えばアデノシン三リン酸（ATP）などを生み出す反応回路を作ることが可能となった。さらに ATP を利用してさらに多様な反応システムを動かすことが可能となり、高い自由度を獲得することができた。

④　多様なたんぱく質の機能により、細胞内小器官などのさまざまなサブシステムを生み出すことが可能となり、細胞というシステム内の高度化が進む。また細胞間での連携が可能となったことにより多細胞生命が生まれ、生命体の階層構造化が進んでいく。

⑤　これにより生命体の内部がより高度でち密なシステムになり、エントロピーが低い状態となる。そして体を維持するために、より多くのエネルギーを取り入れ、より多くの熱として排出するようになり、その生命が進化し高度化するにつれ、エントロピー生成率が最大化へ向かうように進んでいく。

⑸ **エントロピー生成率最大化を生態系に当てはめてみると**

　このような条件を次に、生態系に当てはめてみると、以下のようになります。

① 　太陽からの豊富な太陽光により、植物の光合成が可能となる。地球に
　降りそそぐ光エネルギーは熱（赤外線）で宇宙に放出される。

② 　この非平衡系のなかで、

植物 → 動物 → 微生物分解

　という物質の循環が生まれ、生態系が維持されている。生態系というシ
ステムも散逸構造とみなすことができる。

③ 　さらに生命体のなかの遺伝システムにより、世代を超えて生命体を継
　続して存続していくシステムが生まれると同時に、遺伝子の突然変異な
　どによる進化の能力も保持することで、環境に合わせてさまざまな形態
　を作り出し、種の分化を生み出す高い自由度を獲得する。

④ 　植物が生み出すでんぷんなどが、動物のエネルギー源となり、多種の
　動植物による食物連鎖が生まれ階層構造が構築される。

⑤ 　これにより、生態系の内部が高度でち密な連携が生まれ、エントロ
　ピーが低い状態となる。そして生態系を維持するために、より多くのエ
　ネルギーを取り入れ、より多くの熱を排出するようになり、生態系が多
　様化していく過程でシステムのエントロピー生成率が最大化へ向かうよ
　うに進んでいく。

1-3　なぜ文明は繁栄するのか？

⑴ **システムが複雑化・進化する要件を社会に当てはめてみる**

　社会や都市システム、そして文明もまたエネルギーポテンシャルの間に生
じる散逸構造系とみなすことができると考えられます。前項でまとめた散逸
構造がより複雑化・多重化していく条件を当てはめて整理すると以下のよう

にまとめることができます。

① 豊富なエネルギー源：太陽エネルギーが供給される環境で農耕システムが発達したことにより、豊富な食料が手に入るようになり、人口増加が可能になるとともに、社会活動のエネルギー源となった。また産業革命以後は、石油など安価な化石燃料が利用できるようになり、エンジンの発明により大きな動力を生み出すことが可能となった。

② 農耕が発達し、その地域に豊富な食糧が供給され質の高いエネルギー源となることで、この地域には社会や都市が生まれた。都市や社会は散逸構造だとみなすことができる。

③ 社会や都市が形成されることで富がさらに集中し、人も集中してくる。人が集中することにより、言語の発達、技術開発の進展、人の職業の専門分化などが進み社会の多様性が生み出される。技術開発の進展は、さまざまな素材の加工・変換の自由度を増大させ、製品の多様度が増加した。製品の多様度が増加するなかで、さまざまな相互作用が社会に生まれ、専門分化、社会階級の出現などの複雑化を可能とした。このように技術開発による選択肢の増加が、さらに技術的、社会的なサブシステムを生み出すことを可能とした。また貨幣は物品や人の動きを加速する触媒として働きがあり、金融システムの誕生により、社会の動きの自由度を上げることに貢献してきた。

④ 都市のインフラが整備され、社会システムの高度化によりさまざまな組織の連携や階層構造が生まれた。

⑤ これにより社会システム内で高度でち密な連携が生まれ、社会システム内はエントロピーが低い状態となり、それを維持するために、より多くのエネルギーが社会システムに投入され、より多くの熱として排出されるようになる。社会システムの高度化とともに、エントロピーは増え、エントロピー生成率が最大化へ向かうように進んでいく。

⑵ メソポタミア文明

　古代文明のひとつであるメソポタミア文明を例に考えてみます。メソポタミア文明は、今から5500年ほど前に最初に農業を行った文明といわれています。メソポタミア文明は現在のイラク平原のあたりに存在していました。この土地は現在ではほとんどが砂漠の地域ですが、8000年前から5000年前までは、レバノン杉の森林が存在していたといわれています。

　文明の始まりはシュメール人がチグリス・ユーフラテス両河の河口付近に定住して、麦を栽培し始めたことによります。シュメール人がどこからこの地にたどりついたかは詳しくわかっていないようです。麦は、運搬・貯蔵が可能な食品のため、生産に余剰が生じると富としての蓄積が可能となります。これが石器時代からの大きな変化であり、これによりメソポタミアは強大な国家を築いていきました。文明・都市国家の成立の始まりです。

　また言語が統一され、楔形文字の発明により、言葉による技術の記録や伝承が容易になり、社会の高度化のための触媒のひとつとなりました。さらに、貨幣経済の発達により、物品の交易が加速され、都市への富の集中が一層可能となり、その富を用いることで新たな社会基盤づくりが可能となりました。貨幣もまた、社会システムを構築するための触媒としての働きがあります。

　このように文明という散逸構造が生まれ、文字や貨幣などの触媒により技術開発が進展し、都市を建設することが可能となり、社会に高度な仕組みを生み出す自由度が生まれ、さまざまなサブシステムが形成されていきました。他の古代文明も同様な形で大きな国家となっていったと考えられます。

⑶ 産業革命

　18世紀のイギリスでは燃料としての薪の消費が拡大し、それに伴い森林が大きく衰退していきました。このままではイギリスも衰退していく国家のひとつとなるはずでしたが、ここでエネルギーの使用に大きな革命が起こります。石炭の利用です。従来からも石炭が燃料になることは知られていまし

蒸気機関は産業革命のキーテクノロジーであった

たが、燃やすと大量の黒煙を出し、非常に使いづらいエネルギー源でした。しかし森林の衰退により、石炭を使用せざるを得ない状況となり、徐々に石炭の使用が広まっていきました。

　また当時は紡績機械の発明など、ルネサンス以降の科学的知識の蓄積が、具体的な機械技術に転嫁され機械工学が醸成されていく状態となっていました。そのようななかで炭鉱の採掘に伴う排水処理の必要性から、ニューメコンによる蒸気機関の発明にはじまり、ワットによる蒸気機関の改良を通じて、動力革命へとつながっていきました。このような機械技術力の発展と石炭のエネルギー利用とがクロスすることで、産業革命へとつながりました。

　そして蒸気機関の誕生により、人類は人力や家畜の力にくらべ、エンジンによる大きな力を得ることが可能となりました。先に述べたように、エンジンの原理に従えば、どのような種類のエンジンを稼働させる場合でも必ず、

高温の熱源と、排熱を捨てる低温の熱源が必要となります。さらに高温の熱源の温度が高いほどエンジンの熱効率は理論的に高くなります。このため、石炭や石油など、燃やせば簡単に高温の熱を作り出せるエネルギー源は、人類に大きな動力を享受させる源となりました。

　農耕文明から大きく変わったところは、人類による生産活動の部分が飛躍的に巨大化したことです。化石燃料で稼働する動力機関の大量導入により、大量生産が可能な工業システムが作られ、巨大な建造物を構築することが可能となり、高速で移動できる手段を手に入れることができました。またエンジンによる動力を使うことで、農地の開墾、農業の大規模化を進めることができ、より多くの人口を支えることが可能となったことにより、産業革命以降に人口の爆発的な増加が起こっています。

　このように新たに質の高いエネルギー源の利用が可能となったことと、エンジンという人工的な散逸構造というサブシステムを作り出すことに成功し、社会の自由度と多様度が一気に増加し、より複雑な生産システムなどを作ることが可能となりました。そしてこの産業文明は、一地域にとどまらず、その後世界全体に拡がっていきます。

(4) 非平衡系熱力学・エントロピーの視点からみた文明

　人類の歴史が大きく変化したのは、狩猟採集生活から農耕生活へシフトした「農耕革命」と、機械による動力を人類が手にした「産業革命」による変化であると考えられます。未来学者アルビン・トフラーが1980年に著した『第三の波』[4]では、人類社会のパラダイムシフトを文明という言葉ではなく「波」に例えています。トフラーによると、第一の波は、狩猟採集社会であった社会が農耕技術の発展によって農耕社会に移り変わった「農業革命」です。また第二の波は、18〜19世紀に興った産業革命です。さらにその次に第三の波ともいうべき、「脱産業化社会（post-industrial society）」が登場とすると予言しています。これは、産業化社会からの脱却し、情報化革命とも言い換えることもできると思います。

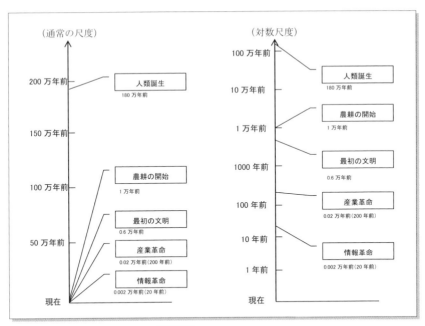

図 1-25 人類社会の歴史

　これらの波を年表で示してみると、図 1-25 のように描くことができます。人類誕生以降から情報革命までの人類史の大きなイベントを通常の尺度と、対数の尺度で示しています。人類史の歴史をみてみると、人類誕生から農耕文明までは 180 万年かかっていますが、最初の文明から産業革命までは約 6000 年程度と短くなり、産業革命から情報革命まではわずか 200 年ほどです。このように人類社会の進化は加速してきているように見えます。このように文明の「進化」は、徐々に加速していきているように見え、波と波の間隔が短くなってきています。これは、農耕社会に移ることで、都市・国家が形成され、職人などの専門職が生まれ、技術的知識の蓄積が可能となったことにより、社会の高度化が短期間で可能になったためであると考えられます。さらに国家間の長距離の交易が進み、知識の相互作用が爆発的に増大したためであると考えられます。

　さらに中世に進み、科学的思考の発展と科学知識の共有化が進むなかで、

知識の相互作用と社会的な要請により産業革命というパラダイムが生まれてきたと考えられます。そして産業革命が生み出した電気通信技術、コンピュータ技術により、さらに知識の蓄積と情報の伝達が加速し、次の情報革命を生み出す土壌が短期間で形成されてきたのではないかと考えます。

　そして産業文明全体をひとつのシステムとして考えたとき、豊富な化石燃料が供給され、熱エネルギーを放出しながら、内部にさまざまなサブシステムを生み出すことで、社会システムは高度でエントロピーが低い状態に進んでいくと同時に、エネルギー消費が加速され、産業システム外部も含めたエントロピーの生成率が増加し、最大化に向かっているように見えます。

SDGsの視点から

　「持続可能な開発目標（SDGs）」の17の目標が相互にどのようにつながっているのかを考えてみるとよいと思います。さまざまな切り口が考えられると思いますが以下に示すものはその1例です。一番基盤にあるのは、地球環境を保全しつつエネルギー供給と海洋・陸上資源の供給を維持していくことであり、その基盤の上に都市や地域の水などのインフラや産業基盤の整備が進められていくのだと考えられます。そしてこれらの上に、教育を中核として貧困、飢饉、保健の問題の解決、持続可能な産業へのシフトが実現されていきます。また、地域紛争などの解決など平和の実現が両立されることでそれぞれの目標が達成されていくのだと考えられます。このようにそれぞれの目標は他の目標と密接な関係にあることがわかります。

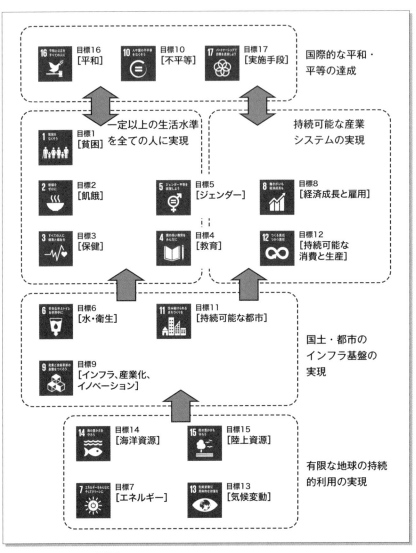

図 1-26 ─「持続可能な開発目標（SDGs）」の体系化

演習課題

課題 1

　本書で取り上げた生命、生態系、都市、文明などの他に「散逸構造」としてとらえることができるものを世の中から探してみてください。（たとえば企業組織の興隆と衰退など）

課題 2

　本書ではいくつかの文明の歴史を紹介して、文明の興隆と衰退について紹介しました。ここで紹介した以外の文明、国家、都市などの歴史を調べて、文明の興隆する条件に当てはまるか検討してみてください。

課題 3

　経済活動における景気の変動もエントロピーや散逸構造という視点でみるとどうかるのか考えてみてください。経済活動も散逸構造ととらえることができるのでないでしょうか？　お金の流れをエネルギーやエントロピーの視点で考えてみることもできます。

【参考文献】
1) プリゴジン，イリヤ〈Prigogine, Ilya〉, コンデプディ，ディリプ〈Kondepudi, Dilip〉著、妹尾 学、岩元和敏訳、『現代熱力学―熱機関から散逸構造へ』朝倉書店（2001）、ISBN-9784254130850
2) Kleidon, A. and Lorenz R. D. Non-equilibrium thermodynamics and the production of entropy: life, Earth, and beyond. Heidelberg: Springer Verlag. 2004.
3) Stuart Bartlett and Nathaniel Virgo, Maximum Entropy Production Is Not a Steady State Attractor for 2D Fluid Convection, Entropy 2016, 18（12）, 431
4) アルビン・トフラー著、鈴木健次訳、『第三の波』NHK出版（1980）ISBN-97841400821952)

第2章

産業文明とその限界

2-1　文明の跡地は砂漠になる？──砂漠の中の古代文明跡

⑴ 海と森の栄養塩循環（森海循環）と文明の崩壊

　古代の世界四大文明には、「メソポタミア文明」、「エジプト文明」、「インダス文明」、「黄河文明」があります。これらの遺跡を思いうかべると、遺跡が砂漠の中に存在する例が多いことがわかります。しかし、多くの古代文明は、文明が栄えていたころは、砂漠ではなく森林に囲まれた豊かな土地であったことが多いです。そしてこれらの文明が衰退した理由のひとつは、都市の周辺に存在する森林が破壊されたことだといわれています。

　森林の破壊が文明の崩壊につながっていった例としてメソポタミア文明をみていきたいと思います。第1章では文明も非平衡系の散逸構造としてとらえられることを述べました。文明が生まれ人口が集積し社会システムが高度化していく過程で、文明というシステムの内部のエントロピーは低い状態になっていきますが、それを取り巻く環境まで含めるとエントロピーの生成率が最大化していくというプロセスを説明しました。しかしメソポタミア文明は永続的に続かず衰退をしていくことになります。

　第1章でみたように、メソポタミアは農業をシステム的に行い、それに伴い人口の増加、国家の形成を支えてきました。農作物という人間にとってのエネルギー源が豊富にあり、それをもとに文明・社会という散逸構造が生まれました。一般に散逸構造はエネルギー供給が続く限り構造が保たれます。しかし、メソポタミアでは、エネルギー源の食料供給に問題が生じ、その後文明が衰退していきます。

47

衰退の原因は以下のようになります。メソポタミアでは人口が増えるに伴い、より多くの麦を育てるために、森を切り開き、湿地を埋め立て、灌漑をして農地を作ることにより収穫量を増やし、新しい文明の基盤を拡大していきました。しかし食料としての麦は、人間にとって必要な必須アミノ酸を含むたんぱく質が不足しています。このため、タンパク源として都市の周辺で広範にブタやヤギなどの家畜が飼われました。

麦を中心とした西洋の食事の場合、パンだけしか食べない生活を何日も続けると、タンパク質の元となる必須アミノ酸が不足し栄養障害が生じてしまいます。このため西洋では肉食など、動物性たんぱく質を摂る食習慣が自然に発展してきたのだと考えられます。一方、日本は米を中心とした食生活ですが、米は麦よりも必須アミノ酸を多く含むため、ご飯に加えて魚などの動物性タンパク質を加えれば栄養バランス的には不足がありませんでした。このため、日本では江戸時代までは家畜を飼うなどの必要性が生じなかったと考えられます。

一方メソポタミアでは、家畜は森や草原で放牧して育てられたため、森林は農地拡大と合わせて加速度的に失われていきました。またレバノン杉の木材は良質なため、エジプトなどにも輸出され伐採も急速に進んでいきました。山間部の森林が失われると、雨による土壌流出が激しくなり、土地の栄養分が急速に失われていきます。こうなると、森林の生態系が貧弱になり、養分循環が減少し、さらに植生の減少を招き、土壌の貧弱化が進んでいきます（図 2-1）。

植生の減少は土地の乾燥化を招き、乾燥化が進むと、灌漑用水に含まれる塩類が水分の蒸発によって次第に土壌に蓄積していき、さらに作物が育ちにくい環境となっていきます。そして土地の一部が砂漠化してきます。一度、砂漠化が始まると、蒸発する水分がより少なくなるため、大気循環の中の水循環が極端に少なくなり、雨の降らない気象地域となり、さらに砂漠化が進展していくという悪循環が続き、ついには今から 2500 年前にはメソポタミア文明は没落していってしまいました。

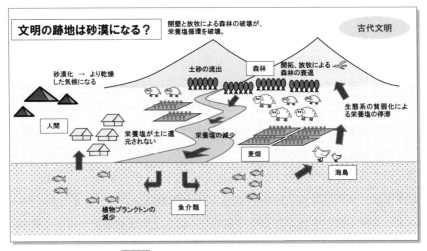

図 2-1　栄養塩の循環が途絶えた古代文明

　このように、農作物という人間にとってのエネルギー源の供給が止まることで、メソポタミアの都市を支える高質なエネルギー源が途絶えることになりました。加熱されている鍋の中のベナール対流も、熱が遮断されるとともにベナール対流が消失するように、メソポタミアの都市国家も食料の供給がうまくいかなくなり衰退していきました。

　このメソポタミア文明と同様に、古代文明から西欧文明まで、同じようなことが歴史上繰り返されていたと考えられます。文明が発展するとそのエネルギー源である木材を消費し、農業の拡大や牧畜の拡大とともに、森林の衰退を招き、栄養塩の循環が途絶え徐々に文明が衰退していくという、文明の興隆・衰退が繰り返されてきました。

　エジプト文明は、ナイル川の両岸に栄えた文明です。ナイル川は定期的な氾濫を繰り返しましたが、それは比較的穏やかなものであり、この氾濫により、上流から流れてくる栄養塩が土地にもたらされ、肥沃な土壌を形成しました。エジプトの場合は、周囲はサバンナ気候で近隣には直接森林がありませんでしたが、この沿岸の豊かな土地にエジプトは数千年にもわたる文明を継続させました。エジプト文明が最も栄えたころには、ナイル川上流には広

く森林が分布しており、この森林がエジプト文明を支えたと考えられます。その後、北アフリカ全体の乾燥化が進み、ナイル川上流の森林も縮小するに伴い、エジプト文明の勢いも弱くなっていったと思われます。

　また、石像のモアイで有名なイースター島の社会も森林破壊とともに崩壊したという歴史があります。テレビなどの映像でみるイースター島は、ほとんど森林もなく石像が点在しているという印象ですが、かつては森林に覆われていたと考えられています。そこでは、サツマイモと鶏を主食としたひとびとが暮らしており、人口は徐々に増えて、開墾、燃料集め、生活用具、草葺き小屋、漁労用カヌーを作るために、森林は伐採されていきました。重い巨大な石像を島の各地の祭祀場に運ぶためにも丸太が必要でした。しかし、森林の再生速度よりも伐採速度が速くなり、島の森林減少は急速に進んだと考えられます。木材不足により木製のカヌーは作れなくなり、島から移住することができず島に閉じ込められた状態になりました。さらに植生の衰退により、裸地が増加し、土壌流失や栄養塩が溶けて流れ出し、これにより作物の収量は低下していきます。1550年には7,000人に達した人口を支えきることができなくなり、枯渇する資源をめぐり恒常的な戦乱状態となり社会は崩壊していきます。1722年、オランダの提督ロッヘフェーンがヨーロッパ人として初めてイースター島を訪れたときには、草葺きの小屋や洞窟で原始的な生活を送るような状況となっていたといいます。1774年にイギリス人ジェームズ・クックがこの島の調査をしたときには石像はほとんど倒れ、人口は600-700人程度になっていたといわれています。(参考　ポンティング「緑の世界史」[1])

　一方、ヨーロッパも燃料として薪を使うことにより、中世に多くの森林が失われました。そのためイギリスではやむを得ず石炭を使うようになったという話は先に述べたとおりです。しかしイギリスでは社会の衰退にはつながらず、産業革命と新しいステージに移ることができました。

現在のイースター島の様子：荒野の中にモアイ像が点在する

　現在の産業文明は、イギリスに始まりほぼ世界規模の文明となっています。そして現在も地球規模で森林の破壊、動植物の減少・絶滅が続いています。「文明の開始以来、8000 年の間に地球の森林の 8 割が消滅した（WRI 報告）」ともいわれているように、現在でも森林が急速に破壊されてきています。現代社会も、このままいくと古代文明のように衰退の方向にいくのでしょうか？　都市で暮らしている人間は、森林がなくても人類の生活にはそれほど影響ないように思えることが多いですが、それは本当でしょうか？

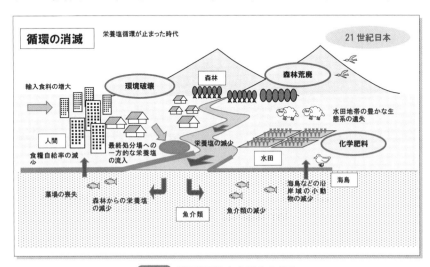

図 2-2　循環が断たれた現在の都市

51

図2-2は、循環が断たれた現在の都市の様子を図に示したものです。先に示した古代文明の図2-1と非常に似ていることがかります。このままいくと古代文明と同じように崩壊へつながっていく可能性が高いのではないでしょうか。

(2) 江戸時代の都市のエネルギー・物質循環を考える

　古代文明のように自然や生態系の資源を破壊していくばかりの文明ではなく、生態系と調和した持続的な文明を構築することはできないのかを考えていきます。古代文明に対比する形で、自然の循環を育てた「江戸」という都市をみていきたいと思います。

　江戸時代は、戦乱が繰り返された戦国時代の後、平和な時代が続き、江戸を初めとする都市は人口増加が続き巨大な都市が形成されていきました。江戸時代の終わり頃には、江戸の人口100万人、大阪と京都の人口50万人といわれています。このためこの巨大な人口を支えるため、森林、原野を切り開き、新田の開発が盛んに行われるようになりました。しかし江戸時代の都市は、古代文明のような森林破壊による衰退を起こしませんでした。古代文明は数千年という長い期間での興隆と衰退であり、江戸時代は300年程度と、時間のスパンが大きく違いますが、人口はメソポタミア文明の都市国家でも数万人程度であったことを考えると、江戸では古代文明より10倍以上の速度で森林が破壊されていてもおかしくない状況です。

　ここで、江戸という都市と森林の関係を考える前提として、当時のひとびとの生活の様子をみてみたいと思います。江戸時代の日本人は、主として米、魚、野菜を中心とした食生活をしており、家畜の放牧の文化はありませんでした。これは、米は麦よりもタンパク質（に含まれる必須アミノ酸）が豊富であり、米と少しの魚介類だけで栄養の点では十分であったためです。このため、江戸時代までは家畜を飼うことは、農作業の労働力としてのみであり、肉食のための家畜は必要ありませんでした。

　また当時の都市の灯りのために、魚油が広く用いられていました。魚油

は、雑魚を茹でてその煮汁から油をとります。そのときに副産物としてでる魚の残渣が、農民へ肥料として売られていました。魚油をとった後の雑魚のかすは肥料として田畑で用いることができ、海から田畑への栄養素の循環ができていました。

　さらに、都市から発生する大量の人糞尿は、排泄物として道路や川へ捨てず、畑や水田で肥料として利用されていました。江戸時代の日本人は、人糞尿を貴重な肥料の下肥として溜めておき、商品として流通させていました。当時人糞尿は商品であり、下肥専門の問屋もあったといわれています。「江戸は強大な有機肥料の工場であった」と、明治10年に来日したアメリカ人博物学者Ｅ・Ｓ・モースは言っています。「我国で悪い排水や不完全な便所その他に起因するとされている病気の種類は、日本にはないか、あっても非常に稀であるらしい。これはすべての排泄物が都市から人の手によって運び出され、農地に肥料として利用されることに原因するかもしれない。」[3]

　これに比べ18世紀までのヨーロッパの都市は、下水道が整備されていたものの、下水処理技術はまだなく、下水がそのまま川に流れ込んでいました。ヨーロッパの主要都市では、14世紀ごろから、3、4階建ての建物が出来ていましたが、排泄物を流すために必要な大量の水を揚げられないので、下水道はあっても建物の上の階にトイレが作れませんでした。このため18世紀ごろまでは、便器で用を済ませて、一階の共同便所に捨てる決まりになっていましたが、面倒なので窓から道路へ捨てるのが普通だったらしく、都市の中は不潔で悪臭が漂っていたそうです。

　一方で、江戸という都市では、魚の残渣や下肥が田畑に供給されることで、田畑に十分な栄養が循環され、水田には多くの種類の昆虫が発生し、それを捕食する鳥などが集まることにより、水田周辺にも豊かな生態系（里山）が生まれました。逆に麦の畑は、比較的乾燥しており、あまり豊かな生態系を生まないと考えられます。江戸周辺の田畑は、水田を中心に豊かな生態系が維持され、これに加え計画的な植林も行われたため、江戸時代は森林の減少も防ぐことができていました。

　栄養塩も物質である以上、質量があり重力で下に流れていくため、山間部の養分も川に流れ海へと流れていきます。この栄養塩のおかげで、河口近くでは豊かな魚の生態系が生まれます。しかし、海に流れていった養分を、山の上などに循環させる機構はどのようなものなのでしょうか？　一方的に陸から海に養分が流れていくだけでは、陸上の養分はいずれはなくなってしまいます。

　栄養塩の一部は、海水が蒸発した水分に含まれ、雨となったまた山間部に戻ってきます。また、それに加え食物連鎖の中で栄養塩が山に戻ってきます。沿岸部の海鳥が魚を食べて、その糞や死骸が海岸付近の土壌に栄養塩を循環させます。海岸線では、その栄養分により植物が育成し、昆虫などが発生します。さらに沿岸部の植物や小動物、海鳥を捕食した動物がさらに、内陸や標高が高い場所に移動し、糞や死骸により栄養分を循環させていきます。高い山などへは、鳥や昆虫が動き飛び回り、栄養分を高い場所に移動させていきます。このように、雨などで一方的に低いところに流れてしまう養分を、動物が高いところに持ち上げていくことにより、栄養塩の循環が成立しています。先ほど述べたように江戸時代は、海から陸への栄養塩の循環が人の手でも行われていました。

　以上のような理由により、古代文明の状況に反して江戸という都市が森林の崩壊を招きませんでした。その要因としては、次のようにまとめることができます。

①　森林から水田に開墾されても、水田の周りには新たな生態系が生まれ、土地が痩せないため、新たな植生の減少を招かなかった。

②　当時の食生活は、米と魚介類などが中心であり、タンパク質を取るために放牧をする必要がなかった。このために牧畜による森林の破壊が起こらなかった。

③　魚介類の残渣が肥料として、水田、畑に供給され、土地が痩せ細らずに持続的な農業が可能となった。

④　都市で発生する人糞尿も肥料として利用され、栄養塩の循環が成立

し、一方的に土地が痩せていくことを避けることができた。

　かつて江戸時代では先ほども述べたように、ロウソクが高価であったため、庶民は雑魚の煮汁からとった魚油で灯りをとっていました。これは海の生物資源をエネルギーとして利用するバイオマスエネルギー源としての先駆的な利用とみることもできます。また、その副産物も、肥料として田畑に還元することで、豊かな生態系を生み、そこにいる動植物の活動によってさらに、栄養塩が森林にも還元するという循環が行われていました（図2-3）。このように江戸時代には次世代の持続可能な文明の片鱗がみえるような気がします。

　ただし、江戸時代は鎖国をしていたため、海外の先端技術の導入が進まなかったことや、社会システムをさらに高度化するために必要な十分なエネルギー源（例えば石油の利用など）が伴わないため、社会システムをさらに高度にするまでには至らず、そのままでは新しいパラダイムへは進まず、明治維新という契機を待たなければなりませんでした。

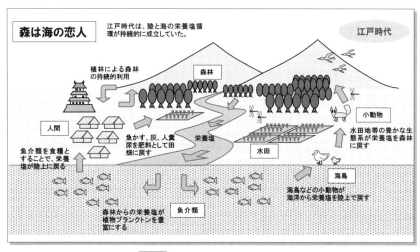

図 2-3 都市「江戸」の物質循環

⑶ エントロピーの視点でみる文明の興隆と崩壊

　ここまで述べてきた文明の興隆と崩壊について、次にエントロピーの視点でみていきます。文明の興隆に必要な基礎的な条件は、豊富で高質なエネルギー源があることです。古代文明では、高度な社会システムを支える人間が活動するために必要な豊富な食糧がこれに相当します。豊富な食糧があれば、都市に人口を集約することが可能であり、そこで農業以外にも大きな労働力を投入することが可能となり、都市システムの構築などが可能となります。また毎年、種をまき収穫をするように、食料を持続的に生産するという循環システムが可能となり、これは都市・社会という散逸構造の創発の基礎になったと考えられます。

　さらに、豊富な食糧が得られると備蓄が可能となり、食糧は富として蓄積され、社会階級、職業の専門分化が生まれるなど、より高度な社会システムが構築されていきます。これは散逸構造が階層化して高度化していくステージに相当します。この段階では、土木技術者などの技術者層が出現し、灌漑設備などの構築技術が向上するなどして、さらに食料生産が増加していきます。加えて、牧畜などの多重な食糧生産プロセスが生まれていきます。

　このように文明都市の社会システムの中は高度に組織化され、エントロピーが低い状態が保たれています。この高度に秩序だった社会システムから富、労働力や新たな知識・技術が生み出されていきます。しかしその社会を取り巻く環境まで含めると、エントロピーの増加はさらに加速されていくことになります。社会システムの高度化が進むにつれ、エントロピー生成率は最大化へ向かうように進んでいきます。

　一方で、このような高度な社会を維持できるのは、周辺の土地が豊富な栄養塩を保持している（土地が低エントロピーに保たれている）ことが必要であり、このような自然の土地が保有する栄養塩を消費していき、自然の循環による栄養塩の還元が間に合わなくなると土地が痩せていってしまいます。これは、文明社会を低エントロピー状態に保つために、生態系（環境）の低エントロピー資源を消費し、生態系（環境）のエントロピーを増大させてい

ることになります。

　次に文明が崩壊するプロセスをエントロピーの視点で考えていきます。社会システムが高度化していくとともに、環境も含めた全体のエントロピー生成率が大きくなるということは、質の高いエネルギー源の消費も加速されるということです。

　古代文明であれば、人口の増加により、必要とする食料消費がますます増加するということです。しかし、この高質のエネルギー（ここでは食料）がなんらかの原因により、生産が滞ってしまうと、内部の高度なプロセスを維持していくための十分なエネルギー供給が困難になっていきます。ベナール対流も下部から供給されるエネルギーが途絶えてしまうと対流が消滅してしまうように、エネルギーの供給が断たれると社会システムという散逸構造も消失していってしまうと考えられます。またエネルギーが完全に断たれなくても、エネルギーの供給が弱まると、社会システム自体までは消失しないものの、内部の高度な階層化されたシステムを維持するほどのエネルギーがなくなり、社会システムが衰退して単純化していくと考えられます。

　本書のはじめに文明が崩壊する5つの要因を紹介しました。

① 環境に対する取り返しのつかない人為的な影響

② 気候の変化

③ 敵対する近隣諸国との対立

④ 友好国からの疎遠

⑤ 環境問題に対する誤った対処

　このうち①、②、③は環境や気候の変動による要因ですが、このような環境や気候の変動が、文明社会を維持するためのエネルギー（食料）の生産に影響を与え、それが維持できなくなると文明が衰退に向かいます。また、③、④は、他国との関係に係る要因ですが、近隣諸国などとの対立により交易などが滞り、必要な物資の輸入が止まるなどの状況が起きると、物質循環のスピードが減少することになり、社会の構造を維持できなくなると考えられます。このように5つの要因が、社会システムを支えるエネルギー源を減

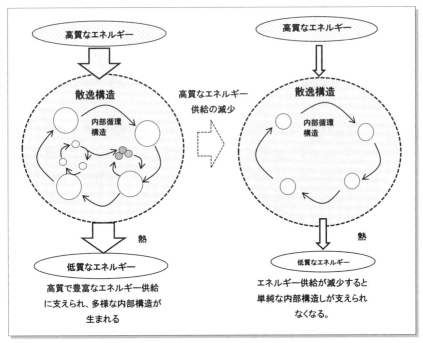

高質なエネルギー

高質なエネルギー

散逸構造
内部循環構造

散逸構造
内部循環構造

高質なエネルギー
供給の減少

熱

熱

低質なエネルギー

低質なエネルギー

高質で豊富なエネルギー供給
に支えられ、多様な内部構造が
生まれる

エネルギー供給が減少すると
単純な内部構造しが支えられ
なくなる。

図2-4 エネルギーの供給の減少による文明の衰退

少させ、物質の循環を低下させることで、文明が衰退していくのだと考えられます（図2-4）。

　現在の産業文明も、その大部分を化石燃料によるエネルギーにより支えられており、その供給が途絶えると、高度な社会システムを維持できなくなるのは明らかです。また日本という国家もほとんどのエネルギー源を海外からの輸入に頼っており、エネルギーの輸入が止まれば、瞬く間に社会が停止して崩壊していくことは明らかであり、石油が生命線であるという近代以降の日本における立ち位置は変化していないように思われます。

2-2　現代の産業文明とその限界

⑴ 加速する文明のパラダイムシフト：カタストロフィか新しい次元への飛躍か

　第1章でも説明しましたが、農業革命、産業革命、情報革命と人類の生活を大きく変化させる文明のパラダイムシフトは、それらが起こる時間間隔が徐々に短くなってきています。これは文明に供給されるエネルギーが大きくなり、文明の社会システムがより多重な散逸構造になり科学知識の蓄積も進み、より多くの技術的選択肢を生み出すことが可能となったため、社会活動の自由度が加速度的に大きくなり、多様性も進み、相乗的に新たなものを生み出す頻度も加速してきているからであると考えられます。

　それでは、この先、人類の歴史はどのように展開していくのでしょうか？資源の消費を加速し、環境汚染を増大させながら、このまま文明のピークを迎えて産業文明は崩壊していくのでしょうか？　次項でも述べるように、化石燃料は枯渇に向かい、気候変動問題など社会を崩壊させかねないさまざまな問題に人類は直面しています。古代文明が直面したように、産業文明も衰退・崩壊へ向かうということも十分に起きる可能性があります。

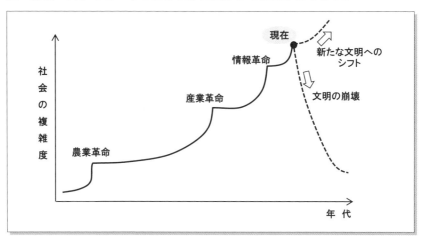

図2-5　文明のパラダイムシフト

　一方で、加速度的に進む科学技術の進展により、崩壊する前に、新しいパラダイムシフトが起こり世界は新たな文明の次元に飛躍していく可能性もあります（図2-5）。たとえば、人工知能の能力が人類の知能を超えるシンギュラリティが2045年ごろに起きるといわれていますが、このような人工知能がもたらす新たな社会システムが、次の文明の基盤になっていくのかもしれません。あるいはユヴァル・ノア・ハラリの提唱する「ホモ・デウス（神の人）」[4]のようにホモサピエンスに変わる、人工知能や遺伝子組換え技術と融合した新しい人類が生まれ新しい文明を築いていくのでしょうか。

(2) 生態系の崩壊を起こしている産業文明

　現在、産業文明の世界的な広がりが加速することにより、さまざまな環境問題が起こっています。これは化石燃料という豊富に供給されるエネルギーで動いている産業文明が、さまざまな物質を加工・改変している中で、物質の循環が完全ではないことが原因となっています。生態系では物質循環が完全であるため、ゴミ問題は生じません。森のなかで動物の死骸や排泄物が山になり動物たちが困ったということは起きません。しかし、人間社会ではさまざまな製品を生み出すものの、廃棄物を完全に循環させて新たな資源とすることが、近年は徐々には進んでいるものの100%に達していません。しかも環境中に排出された公害や廃棄物が増加し、生態系や気候などへ大きく影響を及ぼす段階になってきています。

　人類が今までに作り出した化学物質は数万種類に達します。その中には、ダイオキシンのように環境や人間に甚大な影響がある物質もあれば、健康への影響が未知の物質もあります。特に環境中で分解されない化学物質は、資源循環の過程で繰り返し人に曝露されることになります。環境中に広まった放射性物質や化学物質は、今後人間や生態系にどのように影響していくのか未知の部分が多いですが、長い時間をかけて、人間や環境に影響を残していく可能性が高いと考えられます。

　このような地球環境問題の中でも長期的で地球規模のものは気候変動問題

です。これは大量の二酸化炭素などの温室効果物質が大気中に放出され、大気中で増加した二酸化炭素を循環できていないことに由来するものです。二酸化炭素の吸収源のひとつである森林も減少してきており、木の成長により取り込まれる炭素よりも多くの二酸化炭素が排出され、大気中の二酸化炭素の濃度の上昇が止まらなくなっています。

　海の現状をみてみると、海の中での海洋環境の変化は陸上に住む我々からは見えづらいので、環境が悪化しているという認識が低いのですが、海洋ゴミの増加、水産資源の減少、海洋酸性化（大気中に放出された二酸化炭素が海洋に吸収されることにより、海洋の酸性度が上昇し、海洋生物の生態系に大きな変化が引き起こされる問題）、有害物質による海洋汚染などが急速に進んでいます。人間社会が排出した、自然環境の中で分解処理しきれない有害物質は、浄化できないまま海の底に溜まりつづけていると考えられます。このような有害物質の一部は、海洋生物の体内に濃縮して、それを食料とする動物や人間に影響を及ぼすことが考えられます。海岸で広大な海を眺めていると、多少の汚染物質が流れても海は広いから薄まって影響も少ないのではないかと思ってしまうことが多く、また直接吸い込む大気汚染は気にするものの、海の汚染は住居から離れているからなのか危機感が及ばないのではないかと考えられます。

　しかし、さまざまな海洋汚染（たとえば、海洋廃棄物、バラスト水による生態系汚染、プラスチック・マイクロプラスチックによる汚染、有害化学物質・重金属・放射性物質による汚染）が今も広がり続けています。医療が進歩しても、病気の数が増えているように思えるのは、ひとつは環境の悪化から起きる病気が、意外と増えていることに起因しているのかもしれません。

　そしてこのような環境汚染が進んでいくなかで、海の生態系も昔の状態のままでいることができず、絶滅の危機に瀕している海洋生物が増えてきているといわれています。海洋生物の絶滅は、乱獲、海洋汚染、気候変動などの複合的要因が関係してくる問題です。過去地球の生物の歴史では、誕生以来、5回程度の大絶滅を経験しているといわれています。このうち3回目の

絶滅が最大のもので、約2億5000万年前の恐竜時代より少し前の時代のものです。このとき海洋生物種の90%、陸上生物の70%が姿を消したといわれています。この大量絶滅の原因は、シベリアの大規模な火山活動が関連したといわれていますが、明確な要因はまだわかっていませんが、環境の大きな変化が契機になっています。現在も生物の大量絶滅期に入っているといわれており、これは人類の文明システムが起こした急激な環境改変に起因しています。

　よく人間や哺乳類は生態ピラミッドの頂点にいるといわれ、人間が生態ピラミッド上で君臨しているようにいわれることが多いです。しかしエントロピーの視点からいうと、大型の動物は、生態系という散逸構造の中で、微生物や植物が生み出した余剰の高質のエネルギーでかろうじて「生かされている」存在であるといえます。たとえば、恐竜が生息していた白亜紀は現在よりも地球は温暖であり、植物の生産量が多く今よりも大規模な森林が形成されていました。このように、動物にとって食料である植物というエネルギー源が豊富にあったため、生態ピラミッドの頂点にいる恐竜も大型化することが可能であったと考えられます。

　しかし、生態系というシステムに投入されるエネルギーが少し減少したり、物質循環が滞る事件が起きれば、真っ先に絶滅に追いやられる存在が食物ピラミッドの頂点にいる動物です。生態ピラミッドの頂点にいた恐竜も、隕石落下という地球環境の大きな変化の中で、生態系全体のエネルギー生産量（食料となる植物生産量）が下がると、真っ先に絶滅してしまう存在なのです。またこのようなときでも、すべての生物が絶滅することはありませんでした。小型の動物は生き残り、食物連鎖ピラミッドの下層の動植物の一部は生き残り、また環境の条件がよくなれば、その上に新しい生態ピラミッドを積み上げていきます。

　一方で現在の地球環境の変化においては、大型哺乳類などの絶滅も増加していますが、一方で魚の減少など、必ずしも大型の動物ではないものも急激な減少がいわれています。陸上では昆虫の数や種が急速に減少してきている

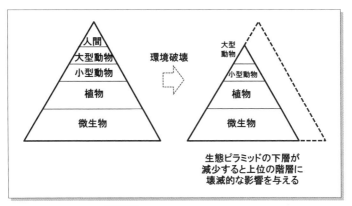

図2-6 生態ピラミッドの破壊

ことなどが報告されています。このような魚や昆虫などは、生態ピラミッドでは中間に位置する層であり、この部分が本当に激減すると、それより上の層は壊滅的な打撃を受ける可能性があります（図2-6）。

そしてこのような生態系への打撃は、産業文明に起因する環境汚染によるものであり、このままでいくと産業システムが生態系を崩壊させてしまうことが懸念されます。産業文明という散逸構造は、安価な化石燃料をベースとして急激に地球規模で拡大し、さらに高度化していく中で、生態系という散逸構造をかく乱し破壊しつつあります。

(3) エネルギー資源の枯渇の問題

現在、非常に安価な化石燃料を基盤として、産業文明が維持され拡大してきています。エネルギー供給の一部は、再生可能エネルギーや原子力が担っており、近年は世界的にも再生可能エネルギーの導入が増加してきています。有限で枯渇の危険性を有する石油・石炭などの化石燃料や原子力と対比して、自然環境の中で繰り返し起こる現象から取り出すエネルギーの総称が再生可能エネルギーです。具体的には、太陽光や太陽熱、水力、風力、バイオマス、地熱、波力、温度差などを利用した自然エネルギーと、廃棄物の焼却熱利用・発電などのリサイクルエネルギーを指します。しかし、エネル

ギー供給の多くの部分は、まだ化石燃料に頼っており、プラスチックなどの
さまざまな素材・材料の製造の側面でも石油に由来するものが多くを占めま
す。

　しかし、化石燃料は将来いずれかの時期に枯渇して利用できなるというの
が一般的な説です。1970年代から石油はあと30年で枯渇するということが
いわれていますが、その後の新しい油田の開発などにより、今後早期に枯渇
することはないと考えられますが、石油起源のエネルギーによる気候変動の
問題や、環境汚染の問題などが拡大しています。このため、これ以上の化石
燃料の消費拡大は、生態系の破壊という観点からも抑制が必要となっている
と考えられます。

　また原子力利用についても、核燃料の原料となるウランなどが無限にある
わけではなく、いずれは枯渇する鉱物資源です。また原子力発電所から出る
高レベル放射性廃棄物は、数万年単位で管理していくことが必要です。しか
し、狭い国内で、数万年も安定的に高レベル放射性廃棄物を管理することは
困難だといわざるを得ません。数万年という単位では、大きく海岸線も変
わってしまうし、繰り返される地震や火山で地形も大きく変わっていくと考
えられます。縄文時代の関東地方は海であり、そのころの富士山はいまの形
とは違っていました。多くの放射性廃棄物が蓄積する一方で、狭い国土で処
理保管場所を探すことは困難です。さらに原子力発電の事故による放射能汚
染は、長期間の深刻な環境汚染や健康被害をもたらすものであり、このため
これ以上の原子力発電所の拡大も困難であると考えられます。

　このような中で唯一永続的に利用できるエネルギーは再生可能エネルギー
です。再生可能エネルギーはエネルギー密度が低いという問題や、気象によ
り変動するという問題もありますが、近年国際的に急速に利用の拡大が広
がってきています。

　エントロピーの視点からみると、社会のシステムがさらに高度化して階層
がより多層となっていくなど複雑化していくと、それらを駆動するためのエ
ネルギーも、より一層大きなエネルギーが必要になってきます。社会システ

ムが高度化しエントロピーが低い状態を維持するためには、環境から社会システムへ質の高いより多くのエネルギー供給が必要であり、この過程でエントロピーの増加も大きくなります。今後、世界中の多くの人口が中間層になり、社会に大量の人工知能やロボットが稼働する世界になると、世界規模では現在よりも数倍大きいエネルギーを必要とする社会になるのではないでしょうか？

　しかし、化石燃料の生産と使用をさらに現在より 10 倍増加させることや、原子力発電を現在の 10 倍建設することも現実的には困難であると考えられます。一方で再生可能エネルギーの賦存量はまだまだ余裕があります。地球に降り注ぐ太陽エネルギー量 1.73×10^{14}kW（1 秒間に 1.73×10^{14}kJ のエネルギーが地球に降り注いでいる）程度であり、現在の世界のエネルギー消費量 2.2×10^{9}kW よりも、地球に降り注ぐエネルギーは 5 桁大ききレベルです。このことからも、次の文明のエネルギー基盤は、再生可能エネルギーを基盤としていくしかないと考えられます。このように石油を基盤とした産業文明や資本主義経済システムは、地球環境の許容量の限界に近づきつつあり、その継続が困難な状況となっていると考えられ、持続可能な新しい文明へのシフトが必要となってきています。

太陽エネルギーを基盤とした文明へのシフトが求められてる

2-3　持続可能な文明の条件

⑴　再生可能エネルギーで駆動する文明への転換

　ここまでの話を踏まえて、エントロピーの視点からみた持続可能な文明の条件をまとめてみたいと思います。条件としては次の3つにまとめられます。

①　再生可能エネルギーによる永続的なエネルギー供給が可能な文明

　　今後、数十年という期間を考えると、化石燃料はまだ枯渇しておらずエネルギー供給の主流である可能性が高いと考えられますが、数百年という期間で考えると、化石燃料による持続的なエネルギー供給は不可能になってくることは明らかです。また、原子力発電は先ほども述べたように、放射性廃棄物の処理・保管の問題を解決できておらず、事故時の放射能汚染の問題があり今後の拡大は困難であると考えられます。また、核融合炉は開発が進められていますが、依然として基礎技術の開発段階であり、すぐに人類のエネルギー供給基盤になるのは技術的に困難な状況です。

　　このためやはり再生可能エネルギーを基盤とした文明に移行していく必要があります。しかも単に化石燃料を代替するのではなく、10倍のエネルギー供給が可能になるなどの、一桁以上大きいエネルギー供給を可能とする技術を開発していく必要があります。質の高く環境負荷の少ない豊富なエネルギー供給により、システム内部の散逸構造がより高度で複雑化した状態が可能となります。潤沢なエネルギーは文明システム内部の構造やプロセスをさらに高度化していく基礎体力となると考えられます。

②　物質の循環をよりクローズにする要素技術の多様化

　　このように豊富なエネルギー供給により、人工知能やロボットなどのさまざまな技術の広範囲な利用が可能となれば、社会システム内部の自由度が高くなり、さまざまなサブシステムが生まれることで一層高度な

社会を実現することが可能となります。

　しかし一方で有害物質の漏洩などにより環境への影響を与えないようにすることが必要であり、文明が生み出した物質は、文明システムの中で物質循環がクローズになる技術を同時に開発して確立していくことが求められます。現状でもさまざまな環境対策技術が開発されてきていますが、生態系や環境への有害な物質の廃棄を止め、物質の循環を生み出していくことが必要です。例えばIoT（モノのインターネット）などの情報技術は、物質の挙動を監視し物質循環をクローズ化していくための基盤になるものであると考えられ、生態系のこれ以上の疲弊を防止していくとともに、情報通信技術を駆使して物質の閉じた循環を実現し、生態系との調和を図っていく必要があると考えられます。

③　循環型資源利用＋再生可能エネルギー駆動の経済へのシフト

　自然から付加価値（自然や生態系が保持している低エントロピー資源）を一方的に搾取して破壊していく現行の経済システムから、搾取や破壊をしない持続的な経済システムへの移行が必要です。同時に環境に不要なものを排出しない経済へのシフトが必要です。

　2015年欧州連合（EU）は、循環経済パッケージと呼ばれる新しい政策を発表し、「サーキュラーエコノミー（循環経済)」による完全な循環型社会の実現に向けた大規模な取り組みを始めています。またオランダでは、2050年にサーキュラーエコノミーを100％達成するという目標（Circular Economy in the Netherlands by 2050）を掲げています。

　また、ケイト・ラワースは『ドーナツ経済学が世界を救う―人類と地球のためのパラダイムシフト』[5] で「ドーナツ経済」を提唱しています。この本の目次を引用すると以下のようになります。

1章　目標を変える― GDP からドーナツへ

2章　全体を見る―自己完結した市場から組み込み型の経済へ

3章　人間性を育む―合理的経済人から社会的適応人へ

このドーナツ経済の目指すところも、環境に対して閉鎖系型の経済システ
ム、すなわちサーキュラーエコノミーの構築であると考えられます。

現在の産業文明は内部をより低エントロピーにするためには、生態系など
の外部の環境のエントロピーを増大させないといけないという宿命がありま
す。さらに技術開発が進んで、技術の自由度が高くなると様々技術がさらに
増加し、エネルギー消費や資源の消費が加速的に進み、環境のエントロピー
は一層増加し、エントロピーの生成率は最大化に向かう状況となります。こ
のように、エントロピーの原理からいうと、ある場所のエントロピーを下げ
た場合、他の部分でのエントロピー増加は避けられず、しかもエントロピー
の増加は減少量よりも大きくなります。

このとき産業文明によるエントロピーの増大を、一方的生態系に押し付け
ないような技術的なフレームワークを構築するとともに、物質の閉じた循環
が加速するような触媒的な要素技術を多く揃えることが必要であると考えら
れます。地球という大きなシステムを考え、そこには潤沢な太陽エネルギー
が与えられているので、その中で、生態系と産業システムがそれぞれ共存し
たシステムとして存在していくことは可能であると考えられます。

⑵ 生態系と産業文明を融合

それでは、産業文明をより高度化し持続可能な文明に移行しつつ、同時に
生態系や地球環境の低エントロピー性も持続していくためにはどうすればよ
いでしょうか？ 方法としては、産業文明という散逸構造と、生態系という
散逸構造を合体してひとつにすることや、あるいは連動して稼働するように

していくことが必要であると考えられます。

　産業文明が生態系の低エントロピーを摂取し、生態系をエントロピーの排出先にしないことが必要ですが、生態系からの摂取が経済的にもっともリーズナブルなため、この流れが止められないのが現状です。特に食料生産は、高度にシステム化されつつあるといっても、その基盤は植物が太陽エネルギーにより付加価値を生み出すメカニズムに頼っており、植物の力を借りずに、食料をつくりだすことは不可能です。このように、産業文明はその基盤として、植物が自己組織的に作り出す付加価値を利用しています。近年は、人工光合成技術などの研究が進み、少しずつ太陽エネルギーから自然の力を使わずに、有機物を作り出すことが可能となりつつありますが、今後はさらにそれらの技術開発を進展し、有機物を自己組織的につくり出す技術の開発が必要であると考えられます。

　また、不要な廃棄物や有害物を処理する方法として環境に廃棄・拡散させるというのが、もっとも手がかからない方法なため、これらを環境に排出することで文明システムはエントロピー増大を最大化していく方向に進みますが、動植物の絶滅など生態系内部の高度なサブシステムを止めてしまうことになり、それは翻って産業文明の稼働にも影響してくるようになります（図2-7）。

　生態系では、ある生物の排泄物はすべて他の生物の資源になるような循環が成立しています。産業システムでもこのような物質循環が自己組織的に出来上がっていく仕組みを考えていく必要があり、生態系の資源の消費を極小化して、少なくても生態系の再生力よりも少ない消費量で使用することが必要です（図2-8）。

　このためには、文明システム内部での物質循環を高め、取り入れる物質を最小にしつつ、物質循環を最大化することが必要です。そして文明外部への物質の放出を環境の再生能力以下に抑える（あるいはゼロにする）ための技術をより充実させていくことが必要です。

　究極的には、次の持続可能な文明は、太陽光や地熱などのエネルギー源の

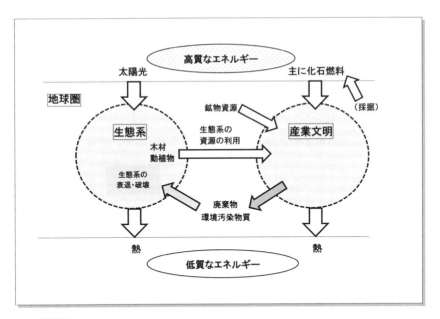

図2-7　生態系の「秩序（低エントロピー）」を食いつぶして生きている産業文明

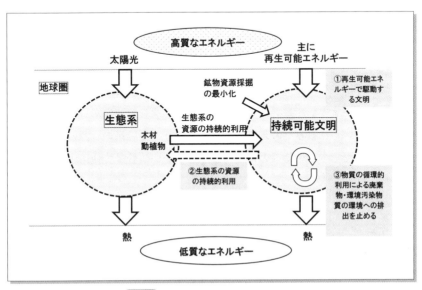

図2-8　循環型持続文明の３つの条件

みで稼働し、熱のみを宇宙に放出するだけの、外部へ余計な物質を放出しない閉鎖系のシステムに進化していく必要があると考えられます。そして生態系のように、次の持続可能文明ではあらゆるものが資源として循環できる世界になる必要がありますが、これを実現する技術と経験がまだ不足しています。またそれを支えるエネルギー供給も不足しているのではないでしょうか？

　さらに次の文明は、環境の中の有害物質を除去して、排除するシステムも必要であると考えられます。動物でいえば、腎臓で血液中の老廃物を分離して、尿として対外に排出するように、新しい文明システムは、生態系や地球環境の中の不純物を系外に排除する新しい機能を付加する必要があります。一度、環境中に広まったものを回収するのは、膨大な労力とエネルギーが必要ですが、それを支えられるのは、豊富な太陽エネルギーと自己組織化技術ではないかと考えます。

　宮崎駿著の『風の谷のナウシカ』では、「腐海（ふかい）」と呼ばれる従来とはまったく異なる生態系を有する森が出てきます。「腐海」の中は、人間が吸い込めば肺が腐って死に至る「瘴気（しょうき）」を吐き出す巨大な菌類や、昆虫に似た巨大な生物が棲む世界です。しかしこの腐海は浄化装置として機能しており、人類が汚した大地が浄化されていくというストーリーです。

　次の文明では、地球というシステムの内部に、自己浄化技術を保持することで、「腐海」に代わる、新しい生態系浄化システムを構築していく必要もあると考えられます。またこれにより、放射性物質やさまざまな有害化学物質を浄化できることが望ましいです。たとえば、環境中で放射性物質のチリなどを特異的に体内に収集するナノロボットなどが考えられます。また、ナノロボットが一か所に集まって凝集することで、有害物質を環境中から取り除きやすくしたり、あるいは深い海底に沈んでいき結晶化されることなどが想像できます。

(3) 持続する文明のためのエントロピー指標

　このように持続可能な文明に求められる要件は、豊富な再生可能エネルギーにより駆動し、生態系からの物質の入出力を最小化しつつ（究極的には0にして、さらに環境を浄化する機能を保持し）、内部の社会システムや技術の高度化を進める（低エントロピー化する）ことで、地球環境に負荷を与えず、生態系の低エントロピー状態を維持し、地球全体のエントロピー生成率を最大化していくことであるといえます（図2-9）。

　このとき、どの程度これらの条件が当てはまっているかを計測するための、持続可能な文明の度合いを示す指標が提案できると考えられます。具体的には以下のような式のイメージです。

持続可能な文明の度合いを示す指標＝エントロピー生成率／環境からの物質の入出力量

　この式は、文明社会がより高度になるほど、エントロピーの生成率が高くなり、右辺の分子が大きくなります。また環境の資源の消費や廃棄物の排出

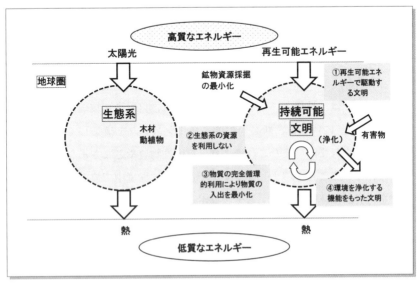

図2-9　クローズな物質循環文明

などの物質の入出力量が小さくなるほど、分母が小さくなり指標の値が大きくなります。この指標が高いほど、持続可能な文明の理想的な姿に近づいていると考えることができるのではないかと思います。

またこの式は最も簡単な形のものであり、この指標で本当に定量化して評価しようとすると問題が生じると考えられます。たとえば分母も分子も両方小さくなるような過程でも、指標が増大してしまう場合があるからです。このため指標の式はもうひと工夫必要かもしれません。

エントロピーという用語は、もともとは物理の熱力学分野の用語であり、機械工学の熱工学やエンジン工学などで利用されてきた物理量です。1980年代にジェレミー・リフキンが『エントロピーの法則―21世紀文明観の基礎』[6] を出版し、地球環境問題の議論の中で、一般の人にも知られるようになった用語です。ここでエントロピーは、エントロピーの増大＝無秩序の増加＝無計画な資源の利用拡大という文脈で利用され、「エントロピーの増大＝悪」という視点で議論されていました。しかし、上で提案した指標であれば、環境からの物質の入出量が小さく抑えられていれば、エントロピーの増加は許容されるものです。むしろ社会が散逸構造であり、環境からの物質の入出量が小さく抑えられているという条件下では、エントロピーの増加は、社会システムの高度さや豊かさの指標とすることができるのではないかと考えられます。

たとえば、アニメーション作品の『機動戦士ガンダム』に出てくるスペースコロニーは、宇宙空間に浮かんでいて人類がその中で暮らしていく閉鎖システムです（図2-10）。スペースコロニーは、1969年にアメリカのプリンストン大学教授であったジェラルド・オニールらによって提唱された、宇宙空間に作られた人工の居住地です。さまざまな形式が提案されていますが、円筒形型のコロニーはシリンダーは直径6km、長さ30kmで1000万人の人口を想定しています。0.55rpmで回転（1分50秒で1回転）し、地球と同等の人工的な重力を発生させることができ、円筒内部は軸方向に6つの区画に分かれており、交互に陸と窓の区画となっています。窓の外側には太陽光を

反射する可動式の鏡が設置され、昼夜や季節の変化を作り出すことができます。

　そしてこのコロニーで多くの人口を支えることを考えると、食料、物資を地球から随時運ぶことは不可能なため、このコロニー内部で自給自足していくことが必要です。スペースコロニーが成立するためには、エネルギーのみが入出する閉鎖系のシステムであり、外部に物質の入出がほとんどないような、完全に循環型のシステムが構築できていないと実現できないと考えられます。

　このときスペースコロニー内部の人びとの生活の豊かさが増加すればするほど、その豊かさを実現するための太陽エネルギーも多く投入することが必要となり、宇宙空間に熱の形で低質のエネルギーを放出することでエントロピーの増大が加速されます。このように、完全な閉鎖システムであれば、システム全体のエントロピーの増大量がコロニー内部の豊かさに比例すると考えられます（図2-11）。

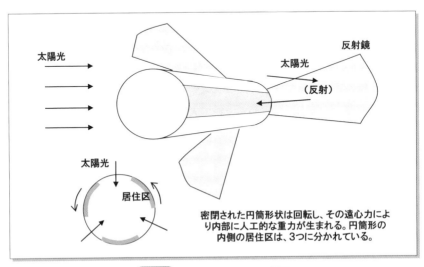

太陽光

反射鏡

太陽光

（反射）

太陽光

居住区

密閉された円筒形状は回転し、その遠心力により内部に人工的な重力が生まれる。円筒形の内側の居住区は、3つに分かれている。

図2-10　スペースコロニーの概要

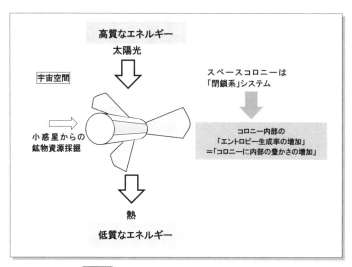

図 2-11 スペースコロニーのエントロピー

SDGsの視点から

　持続可能な文明の条件として、本章では以下の 3 つを挙げましたが、SDGs の目標との対応をみていきましょう。

（持続可能な文明の条件）

　①再生可能エネルギーによる永続的なエネルギー供給が可能な文明

　②物質の循環をよりクローズにする要素技術の多様化

　③循環型資源利用＋再生可能エネルギー駆動の経済へのシフト

それぞれの条件を個別にみていきます。

①再生可能エネルギーによる永続的なエネルギー供給が可能な文明

　世界全体で持続可能な文明へのシフトを進めていくには、すべての国と地域で安定的な再生可能エネルギーによる永続的なエネルギー供給基盤が必要となります。今後、再生可能エネルギーの導入がより安価に実現できるようになれば、発展途上国にも安定的なエネルギーインフ

目標7
[エネルギー]

75

ラが構築でき、発展途上国の社会の多様性・高度化が実現できる条件が整い、SDGsの目標7（エネルギー）の実現につながります。また、先進国も含めて再生可能エネルギーへのシフトが進むことで、気候変動の防止などSDGs目標13（気候変動）の目標の達成が可能となります。

目標13
[気候変動]

　発展途上国において、エネルギーの安定的な供給は、目標6（水・衛生）のインフラ整備などにつながり、目標1（貧困）、目標2（飢餓）、目標3（保険）の目標達成につながっていくと考えられます。

目標6
[水・衛生]

②物質の循環をよりクローズにする要素技術の多様化

　持続可能な文明にシフトするためには、環境に大きな負荷を与えている現在の産業システムを循環型産業システムにシフトしていくことが必要であり、その基盤となる技術の開発を多元的に進めていくことが必要です。これはSDGs目標9（インフラ、産業化、イノベーション）を達成していくことであり、さらには目標11（持続可能な都市）の実現、目標12（持続可能な消費と生産）の目標を実現していくことに対応します。

目標9
[インフラ、産業化、イノベーション]

目標11
[持続可能な都市]

目標12
[持続可能な消費と生産]

③循環型資源利用＋再生可能エネルギー駆動の経済へのシフト

　持続可能な文明へのシフトは、循環型産業へのシフトと同時に、生態系の持続的な利用を行っていくことが不可欠です。これは、SDGs目標14（海洋資源）、目標15（陸上資源）を達成することです。

目標14
[海洋資源]

　そして再生可能エネルギー駆動の経済へのシフトしていくことにより、目標8（経済成長と雇用）が安定的に実現できる社会を達成することが必要です。

目標15
[陸上資源]

　また、持続可能な文明へのシフトを加速するためには、すべての目標と相関するSDGs目標4（教育）の実現が核となるとともに、安定した文明の実現には、目標16（平和）、目標10（不平等の是正）、目標5（ジェンダー平等）、目標17（実施手段）も併せて進めていく必要があると考えられます。

目標8
[経済成長と雇用]

演習課題

課題 1

　江戸時代のような物質循環を現在の都市部でも実現するためには、どのような技術が必要であるのかを考えてみてください。現在のさまざまなロボット技術や情報通信技術（ICT）を用いることで、江戸時代のような物質循環を生み出すことができるでしょうか。最近話題の情報通信（ICT）技術の例としては、以下のようなものがあります。
①人工知能、②IoT（モノのインターネット）、③5G、④ブロックチェーン、⑤ドローン、⑥VR（バーチャル・リアリティ）、⑦クラウド、⑧自動運転、など

課題 2

　課題1で検討した技術が経済的に成立しながら導入されるためには何が必要であるかを考えてみてください。

課題 3

　熱・エネルギーのみではなく、物質の挙動も含めた拡張エントロピーという概念も考えてみてください。汚染物質が拡散していくプロセスにエントロピーという概念を適用することができないでしょうか？　エントロピーは、分子・原子の振動の乱雑さ、無秩序さを表すものと解釈でき、分子が拡散する場合も乱雑さが増大すると考えれば、物が拡散する場合にもエントロピーという概念が適用できそうです。それでは、物質が拡散したときのエントロピーはどのように測るのでしょうか。もっとも簡単な考え方としては、物が拡散した場合、それを元の状態にもどすためには、質の高いエネルギーを用いる必要があります。そこで、「物が拡散するときのエントロピー増大」＝「拡散を元の状態にするために使われる質の高いエネルギーの消費によるエントロピーの増大」と定義することができると考えられます。

【参考文献】
1）クライブ・ポンティング著、石 弘之訳、『緑の世界史〈上〉（朝日選書）』朝日新聞（1994）
　クライブ・ポンティング著、石 弘之訳、『緑の世界史〈下〉（朝日選書）』朝日新聞（1994）
2）安田喜憲著『森と文明の物語 - 環境考古学は語る』筑摩書房（1995）
3）農文協編『江戸時代にみる日本型環境保全の源流』農山漁村文化協会（2002）
4）ハラリ，ユヴァル・ノア著、柴田裕之訳、『ホモ・デウス〈上〉―テクノロジーとサピエンスの未来』、河出書房新社（2018）
　ハラリ，ユヴァル・ノア著、柴田裕之訳、『ホモ・デウス〈下〉―テクノロジーとサピエンスの未来』、河出書房新社（2018）
5）ラワース，ケイト著〈Raworth, Kate〉黒輪篤嗣訳、『ドーナツ経済学が世界を救う―人類と地球のためのパラダイムシフト』（原題 Doughnut Economics: Seven Ways to Think Like a 21st-Century Economist）河出書房新社（2018）
6）ジェレミー・リフキン著、竹内均訳、『エントロピーの法則― 21 世紀文明観の基礎』祥伝社（1982）

第3章

海・沿岸部を起点とした メタノール文明の形

3-1 人工生命型エネルギー・クラスターと資源循環エンジン

⑴ 再生可能エネルギーの導入の推進

　第2章までにまとめたように、ポスト産業文明は太陽光など再生可能エネルギーで駆動する文明となることが必要です。近年は住宅用の太陽光発電の設置が増加し、また事業者によるメガソーラー発電所の建設も増加するなど、身の回りでも太陽光発電の導入が目に付くようになってきています。それではこのまま進むと、再生可能エネルギーでエネルギーを自給できる社会がくるのでしょうか？

　ここで、現在の太陽光発電などの再生可能エネルギーの導入が進んでいる背景を少し考えてみる必要があります。再生可能エネルギーにより発電された電力は、自己消費分の除いた残りの余剰電力を電力会社が高い単価で買い取ってくれる固定買取価格制度があります。この制度が導入された当初は、住宅に設置された太陽光発電の場合、余剰となった電力は、住宅用の電力単価のおよそ2倍で買い取ってもらえました。買ってくる価格の2倍で売ることができるのです。これは電力会社にとっては全く損になる商売で、この価格の差額は誰かが負担する必要があります。現在は広く電力料金に上乗せされ、我々一般の電力消費者が負担をしているのです。

　このため、消費者に負担を強いる制度を永続的に続けることは困難であり、再生可能エネルギーの導入の進展に伴い、買取価格も徐々に低減してきています。また、固定価格での買取期間は家庭用太陽光の場合は10年間など、買取期間が定められており、この期間が終了した住宅も今後増えていく

こととなり、余剰電力は電力の自由取引市場で売っていくこととなる可能性が高い状況です。今後は、自由市場での電力取引を前提とした中で、再生可能エネルギーを経済的に自立させていくことが必要となります。しかし、太陽光発電などの個々の小規模な発電システムは、余剰の電力を市場で売っていかないといけない状況になった場合でも、出力が小さく安定しない電力であり、これを高い単価で買い取ってもらうことは困難であることが予想され、かなり低い価格での取引に収れんしてく可能性もあります。この場合、太陽光発電の設備価格が低下してきているとはいえ、電力市場での低い買取価格では採算がとれない状況になる場合も考えられ、太陽光発電の導入に一気にブレーキがかかってしまう可能性もあります。

　筆者は、エネルギー供給の最小単位として図3-1に示すような「人工生命型エネルギー・クラスター」を提案しています。クラスターは群れという意味です。このクラスターは、近隣に設置された再生可能エネルギー設備が複数連動して、協調しながら電力を生み出すもので、設備を設置した建物への安定した電力供給を行うとともに、市場に販売する電力も規模と安定性を向上させて、有利な価格を狙えることを目指したものです。

　名称に「人工生命型」という言葉がつくのは、生命が創発的に生まれるようなイメージで、エネルギー・クラスターが自己組織的に形成されることを目指しているからです。また、生命体のようにエネルギー的に自律した単体としてのイメージからもこのネーミングを採用しています。

　この「分散エネルギー・クラスター」のイメージをもう少し具体的にわかるようにするために、微生物と対比して考えてみます。微生物の中には、水と二酸化炭素だけ生きていける独立栄養微生物がいます。これと同じ発想で、地域の中で、太陽光発電とその余剰電力から水素を製造する水素製造装置、そして水素から電力を発電する燃料電池を地域の中でネットワーク化し、適切にマネジメントすることで、外部から太陽光と水だけが与えられ、熱と水分を放出するだけの、しかもエネルギーをほぼ自給できるクラスターを作ることができる可能性があります。イメージを図3-1に示します。外部

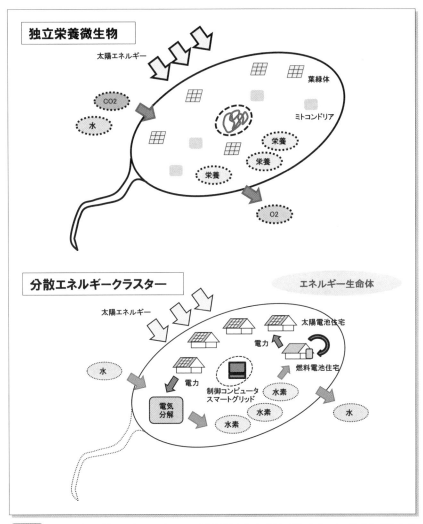

独立栄養微生物

太陽エネルギー

葉緑体

CO2

水

ミトコンドリア

栄養

栄養

栄養

O2

分散エネルギークラスター

エネルギー生命体

太陽エネルギー

太陽電池住宅

電力

燃料電池住宅

水

電力

制御コンピュータ
スマートグリッド

水素

水素

水

電気
分解

水素

図 3-1　分散エネルギー・クラスター：二酸化炭素と水だけで生きることができる独立栄養生物のように、地域内で太陽電池や燃料電池を組み合わせ太陽エネルギーと水だけを利用して地域の電気エネルギーを自給する組織体の構築を目指す

からは、太陽光と水が与えられれば、独立栄養微生物のように永続的に持続していくことができる経済単位となります。

そしてこの「分散エネルギー・クラスター」は、図3-1に示したもの以外

にも多くの種類が考えられます。再生可能エネルギーは、水力発電、バイオマス発電、風力発電など多くの種類があり、また燃料電池などの小型の発電設備も多くの種類や規模があります。これらの組み合わせにより、地域の資源に応じた多様な構成が考えられます。

　たとえば、図3-1に示したような「水素型」は、光合成で生きている植物プランクトンのようなイメージで、クラスターがひとつの光合成生命体のような形を形成するものです。また図3-2に示す「バイオマス型」は、太陽光で発電した電力で、バイオマス発酵槽を稼働させメタンガスを製造し、そのメタンガスで燃料電池を稼働させて発電するシステムの構成です。これは、外部からバイオマス資源を受け入れて、外部へはバイオ堆肥や水、熱を放出する、いわば動物型プランクトンのイメージです。ここで投入するバイオマスとして、水産廃棄物や沿岸の漂着ゴミに含まれる木材系のゴミを投入することもでき、廃棄物を掃除する動物に例えることができます。さらにバイオマスを燃焼して発電する設備と組み合わせることで、漂着ゴミ中の発泡スチロールも減容化して燃料として利用することが考えられます。

　また、近年、人工光合成の技術がさまざまな機関で研究開発されており、

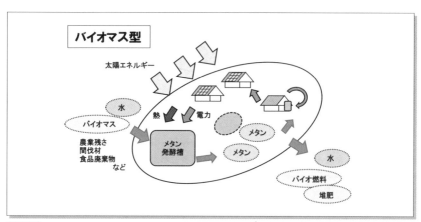

図3-2 バイオマス型の分散エネルギー・クラスター：太陽光で発電した電力で、バイオマス発酵槽を稼働させメタンガスを製造し、そのメタンガスで燃料電池を稼働させて地域の電力を自給するシステム群である．太陽エネルギーとバイオマスの供給で持続的なエネルギー供給を目指す

バイオ発酵槽の代わりに、人工光合成の技術を用いることで自律的に稼働する「人工光合成型」のクラスターも可能性があります。さらに後述するようにバイオ起源のメタノールを基盤としたクラスターも考えることができます。

以上のような種類の違うさまざまな分散エネルギー・クラスターが、その地域の特質や資源を踏まえて、自律的に形成されていき、さらにクラスター間で相互作用することで、資源循環が生まれるのが理想です。自然の生態系は、動植物などの個々の構成員が多様であるほど豊かなり、それぞれが相互に依存することで、資源の循環を実現しています。「分散エネルギー・クラスター」もその種類が多様であるほど、全体としての持続性は高くなると考えられます。

また、このような「分散エネルギー・クラスター」を構築し運営していくことを考えたとき、クラスターの維持・運営に人件費が多くかかると経済的に成立することが困難になると考えられます。人を常時雇用するためのコストは非常に高くつくため、再生可能エネルギーの設備の採算性が非常に悪くなってしまいます。このため、IoT（モノのインターネット）技術や人工知能を再生可能エネルギーの設備に導入して、設備の運転、維持を可能な限り無人化して自動化し、コストを低減することで、分散エネルギー・クラスターの実現可能性を高めることが必要であると考えられます。このように分散エネルギー・クラスターをどのように人の手を借りずに、自己組織的に形成して、維持していくのかについても合わせて考えていくことが求められます。

この分散エネルギー・クラスターを、無人で自己組織的に形成できないかという点については、拙著『人工知能ロボットが作る「無人自動企業」の可能性』[1] で詳しく論じています。この本で生物の形が自己組織的にできあがる原理を利用して、クラスターを形成し、さらに維持していくことを検討しています。

「知性」と呼ばれるものは、人間の脳以外にも数多くあります。粘菌は迷

路の最短経路を解くことができます。植物にも知性があります。たとえば、野菜のトマトは虫に襲われると、化学物質を放出して周囲の仲間に危険を知らせるそうです。これらの「知性」は決して人間のような高度な知能ではなく、いわば「低能」ですが、これらが複雑にネットワーク化され、相互依存することで、外界に対して知的な応答が可能となり、植物が恒常的に生き延びられる状態を生み出していると考えられます。このように、個々の構成員は、たいした知能を持っていなくても、群れを形成することで、環境に適応するための知的な処理が可能となるシステムを「群知能」と呼んでいます。

総務省で活躍する AI ロボット：いずれはエネルギーシステムもロボットが管理？

　分散エネルギー・クラスターにおいても、このような群知能を模して、個々の分散エネルギー設備に人工知能を導入して、複数の設備を連動してネットワーク化することで、「分散型人工知能」を構成して、知的な組織体を構成することが可能となれば、エネルギーの自律的な供給を支えていくことができるのではないかと提案しています。

　さらに「分散エネルギー・クラスター」が複数連動してより大きな群れの単位を作ることも考えられます。筆者はこれを「資源循環エンジン」と名前を付けています。この資源循環エンジンは、図3-3のように、地域内の複数の分散エネルギー・クラスターが連携して、地域のエネルギーの地産地消を

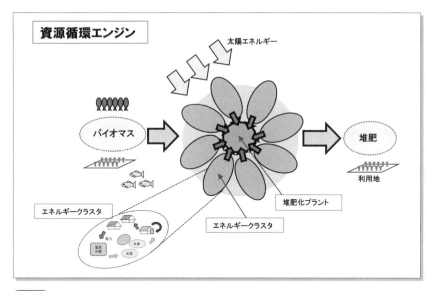

資源循環エンジン

図3-3 「資源循環エンジン」のイメージ図：隣接する「分散エネルギー・クラスター」が群れのように集まり余剰エネルギーを出し合えば、地域の資源循環のためのエネルギーを永続的に生み出すことが可能となる。この図では、分散エネルギー・クラスター群（図中の楕円形）が生み出すエネルギーでバイオの堆肥プラントを稼働させて事例を示している

進めるとともに、余剰のエネルギーを資源の循環に供出する構成単位です。ひとつのクラスターが余剰に生み出すエネルギーがわずかであっても、このクラスターがさらに連携して群れを形成することで、資源の再生や資源の移動のためのエネルギーを拠出し、海から陸への資源循環も促進させることができるものです。

(2) 再生可能エネルギーを資源循環につなげる技術「資源循環エンジン」

第2章でまとめたように、江戸時代には、森林の管理も行われ、魚油を取った後の魚かすや、人糞尿も肥として利用され、人の手によっても栄養塩の循環が行われていました。このような栄養塩も化学物質であり質量をもった物質である以上、低い海から高い陸地へ、重力に逆らって戻すためにはエネルギーが必要となります。また、そのエネルギー源を用いて実際に栄養塩

という物質を動かす主体が必要です。生態系では、動植物の食物連鎖により栄養塩の循環が成立していました。また江戸時代には、栄養塩の循環の一部は人力により担われる部分もありました。

　そして江戸時代のような栄養塩の循環機能を現代社会においても実現するためには、駆動源となるエネルギーと、栄養塩移動を行う主体を確保しなければなりません。しかし、現在の社会経済の枠組みの中では、必ずしも直接的な利益が得られない「栄養塩循環」を行う経済主体（個人や株式会社など）は、自発的には表れないことは明らかです。仮に、NPOなどの非営利法人が担ったとしても、エネルギーコスト、人件費などを考慮すると、補助金などが得られれば可能かもしれませんが、補助金がなければ永続的な事業とすることが困難であると考えられます。

　前項で提案した「資源循環エンジン」を用いれば、資源を永続的に移動させる余剰エネルギーを生み出すことができ、ゴミの処理・再資源化・資源移動を促進させることができるのではと考えています。これは太陽エネルギーなどの再生可能エネルギーにより、栄養塩や資源を動かすための「エンジン」となります。

　そしてこのような「資源循環エンジン」は、社会という散逸構造の内部に生まれた、もうひとつの散逸構造になります。これがさらに進化していくためには自由度と多様性の向上が求められます。地域内に多数の分散エネルギー・クラスターが形成された後、それぞれのクラスター群が生み出す余剰エネルギーにより、ごみの堆肥化する資源循環エンジンや、その堆肥の運搬を行う資源循環エンジンなどが生じ、それぞれが連携することが可能となれば、図3-4に示すような、栄養塩を含む資源の移動システムを形成することが可能であると考えられます。また、このような資源循環エンジン群が広域な地域内で多数構築され、それらがさらに連携することにより、図3-5に示すような栄養塩の循環を江戸時代のように復活させることができるのではないかと考えています。

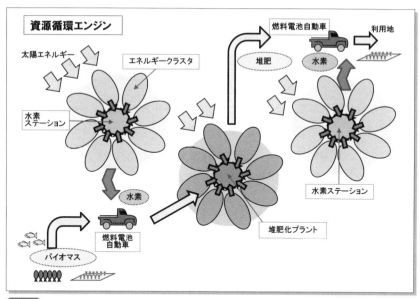

図3-4 「資源循環エンジン」の連携のイメージ：図3-3のように「分散エネルギー・クラスター」群の連携により余剰なエネルギーは、堆肥化プラントの稼働だけではなく、電気分解により水素を作ることも可能になる。「資源循環エンジン」が連携することで、水素燃料電池自動車で堆肥を運搬するなど、より広域での資源循環を誘発することが可能となる

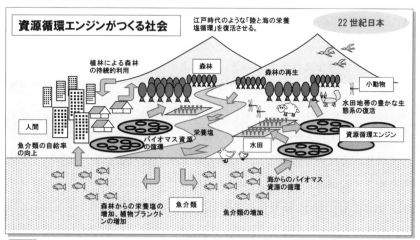

図3-5 「資源循環エンジン」がつくる循環型社会のイメージ：資源循環エンジンが連携することで、海のバイオマス資源を利用することができれば、海から山での栄養塩の循環も復活させることが可能となる

(3) 資源循環エンジンを経済的に成立させる

　一方でどのようにこの資源循環エンジンを経済的に成立させながら、構築していくかという点を考えていく必要があります。たとえば太陽光発電などを考えたとき、余剰に発電した電力を電力会社が高い価格で買い取ってもらえる固定価格買取制度がありますが、今後エネルギー自由化の流れがさらに進んでいくと、余剰電力は、電力取引市場に売っていく必要が高くなると考えられます。市場価格では、売る値段より低い価格で買い取られることが一般的であり、余剰電力の買取価格は、小口電力単価よりかなり低い価格になっていくと考えられます。

　太陽光発電などの個々の発電システムは、余剰の電力を市場で売っていかないといけない状況になると、売電価格が低くなり、設備を設置した費用を回収することに長い年数がかかることが想定されます。さらに、このような状況で、分散エネルギー設備を複数連動させるなどのクラスター形成のために人件費などの追加費用がかかると採算がとれなくなる可能性が高くなります。このため、分散エネルギー・クラスターの形成のためには、必然的に自動化・無人化が求められてきます。各電源設備に人工知能などが組み込まれ、IoT技術により相互に情報通信できるようにすることで、電力の自動売買ができるようにしていくことが求められます。

　現行の技術的な流れを考えると、分散電源システムにIoT技術などが導入され、人工知能ソフトウェアを搭載し、インターネットに接続することは、比較的容易であると考えられます。また、ビットコインに代表される仮想通貨は、ネットワーク上のブロックチェーン（分散型台帳）技術を基盤にしており、これらの技術とIoT技術などを組み合わせると、設備同士が人間を介さずに金銭をやり取りし決済することが可能になってくると考えられ、今後は人工知能を搭載した設備が取引を直接インターネットを介して行い、それに応じて仮想通貨で決済をするということも可能であると考えられます。現在、ブロックチェーン技術や、トークン（デジタル権利証）を用いた地域通貨を発行し、地域経済の活性化を進めようとする動きも活発になっ

てきました。今後は、地域エネルギーの取引のための仮想通貨というものも考えられると思います。

　このような技術的な動向を考えると、人工知能を搭載した分散エネルギー設備が設備間や電力取引市場と直接取引を行い、無人で電力の自動売買するシステムを構築することは、さまざまな法的制度的障壁はあるものの、現行技術でも可能であると考えられます。これは、電力という経営資源と、仮想通貨による決済手段を持つことができた無人でバーチャルな「商売人」が構築できることです。このような仮想なエネルギー商売人は、市況の電力価格を見ながら、余剰な電力を売買して、仮想通貨で利益を上げ蓄積していくことが可能となります。

　一方で、短時間の市場動向のみをみた単純な売買であれば、ここで述べたように無人でこなすことができますが、長期的な視点を持って、外的な社会環境が変化していく中で、不連続な変動相場を見ながら、「経営」をしていくことはかなり難易度が高いと考えられます。このような経営者を代替する人工知能の開発は、エネルギー市場のデータを大量に学習した特化型人工知能でもある程度可能になると考えらえます。しかし本当の革新的な経営判断までとなると、汎用人工知能の開発を待たないと実現できないのかもしれません。

　いずれにせよ、複数の分散エネルギー設備を統括管理できる無人のエネルギー経営体が技術的に可能となることは間違いないと考えられます。そして、これらの経営体が利益を一定以上蓄積することができたら、それを別の設備導入に投資するということも可能となり、隣接地域にエネルギー・クラスターや資源循環エンジンを広げていくことが可能となります。

　このような考え方のもとで、分散エネルギー・クラスターのより基礎的な単位を考え、その経済性を検討した事例を紹介します。通常は補助金などがなければ経済的には成立しない海洋漂着ゴミの回収・油化処理プロセスが、分散エネルギーシステムと連携させることにより、経済的に成立できる可能性を論文[2]にまとめたものです。この論文の全文は、水産大学校のホーム

沿岸の漂着ゴミ（左：長崎県対馬、
右：山口県周防大島）
　　（撮影：三原伊文氏）

ページから PDF ファイルで読むことができます。

　この研究は、海岸の漂着ゴミの再資源化が事業として成立するための技術的条件、制度的条件および経済的条件を総合的に検討して、漂着ゴミの回収・利用が経済的に成立する可能性を明らかにするための基礎モデルを開発したものです。具体的な評価対象は、沿岸に流れ着く発泡スチロール系の漂着ゴミに注目し、図 3-6 に示すようなシステムを考えました。このシステムは、発泡スチロール油化装置とコージェネレーションシステム（CGS）、太陽光発電を組み合わせたものです。CGS は、エンジンや燃料電池により発電しながらその排熱を利用してお湯や蒸気を作り利用するものです。電気と熱を両方利用できるので、エネルギー効率が非常に高くなります。

　具体的には、発泡スチロール系の漂着ゴミを沿岸部で回収・減容化し、その発泡スチロールを一か所に収集し、油化装置によりスチレン油を生成します。さらに、近隣に所在する事業所に設置された A 重油を燃料とする CGS と、太陽光発電が導入された住宅群の組み合わせを想定します。油化装置でつくりだされたスチレン油は、油化過程でその一部が自己消費されるとともに、余剰分は CGS の燃料として使用されます。さらに CGS による発電のう

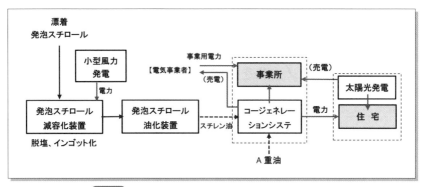

図 3-6 海洋漂着ゴミの回収システムの構成イメージ

ち事業所で消費しなかった余剰電力分は、住宅に供給されるとともに、住宅の太陽電池による余剰電力も事業所へ融通するシステムとなっています。

このような事業所の CGS と住宅用太陽光発電間でのエネルギーの相互融通を考慮した最適化モデルによる評価で、より大きな省エネルギーが確保できることは筆者の過去の研究[3] などにも報告しています。また、図 3-6 のシステムの場合、漂着ゴミなどから得られたスチレン油を CGS の燃料として用いることで、CGS の経済性をより向上させることが可能となります。さらに住宅用太陽電池との電力融通により、お互いに市場価格より安い電力を確保できれば、より経済的な利益が大きくなります。そして生み出された利益を、漂着ゴミ回収へと投じることができれば、補助金などに頼らない資源循環が成立できる可能性があることをシミュレーションで示しています。

また、現状の国内の電力事業に係る法制度では、図 3-6 に示すような住宅と事業所の相互に電力融通をすることや、電力会社（電力事業者）からの電力購入を時間帯別に区切って利用することはできません。しかし今後固定価格買取制度が縮小し、小口電力においても自由売買市場へと移行すれば、時間帯別に任意の電力を売買して利用することも可能になっていくと考えられます。

当然、このようなシステムにおいても先ほど述べたように、人件費などが加わると経済性の成立は急速に困難となります。いかに無人化するかがキー

ポイントで、近年の情報通信技術の進展がその突破口となると考えられます。

3-2　バイオメタノールを基軸とした資源循環エンジン

(1) なぜバイオメタノールか

　前節で分散エネルギー・クラスターを複数組み合わせ資源循環エンジンを構成することを提案しましたが、太陽光発電を基軸とした分散エネルギー・クラスターに対して、ここで、バイオメタノールを利用の基軸とした資源循環エンジンを提案したいと思います。

　第2章までで、非平衡系で生じる散逸構造がさらに高度に進化していくためには、散逸構造の中に大きな自由度を内包しており、相互作用の一定以上の多様性が必要であると述べました。資源循環エンジンを多様性のあるものにし、さらにそれが進化して高度化させていく可能性があると考えられるものがバイオメタノールです。これはバイオマス資源などの有機物などから生成されるメタノールを指しています。

　バイオマスを燃料に利用する方法としては、一般的には、

① 　バイオマスを固体のまま燃料として利用するもの

② 　生物化学的変換技術：微生物の働きにより、バイオマスをメタン発酵させ、燃料としてメタンを利用するもの

③ 　熱化学的変換技術（熱分解ガス化）：植物系のバイオマス原料にガス化剤を添加し、高温で熱分解することで燃料ガスや液化燃料を得るものの3種類に分類できます。

　バイオマス起源の燃料としては、バイオエタノールの利用が米国やブラジルで進んでいます。これは②に分類される技術で、植物の糖からアルコール発酵によりエタノールを製造するもので、すでに商業化されています。しかしその原料としてはトウモロコシなど糖質の植物種に限られ、これらの原料が大量に調達できる場所でないと、大量生産を行うことができず採算性を確保するのが困難になります。実際にバイオエタノールを生産できる場所は米

国やブラジルなどに限られているようです。さらに原料となるトウモロコシは食料にもなるものであり、食料供給との競合という問題も生じます。

　一方で本書で提案するバイオ起源のメタノールは、上記の③に属する技術で「バイオマスのガス化・メタノール合成プロセス」により製造されるもので、バイオマスの熱化学変換によるバイオメタノールの製造プロセスのひとつです。植物系のバイオマス原料にガス化剤を添加し、高温で熱分解することで燃料ガスや液化燃料が得られます。ガス化剤としては、空気、酸素、水蒸気、二酸化炭素を混合したものが用いられ、生成される合成ガスとして水素、一酸化炭素、メタンなどが得られ、成分比は処理条件などのよって変化します。また得られた水素と一酸化炭素からバイオメタノールを合成することが可能であり、このプロセスは、バイオマスの種類を選ばず、メタノールの収率が高いという特徴に加え、得られたメタノール自身がさまざまに応用することが可能であるという利点があります。これは有機物であるバイオマスをガス化炉により、炭素１つの化合物（CO、CO_2、CH_4）と水素に転換したのち、メタノールを合成するもので、国内では新エネルギー・産業技術総合開発機構（NEDO）などの主導により試験炉がつくられ、近年、長崎バイオメタノール事業[4]などのように、商業生産も開始されています。このように技術的には確立されたものです。

(2) バイオメタノールによる資源循環エンジン

　ここでは特に、沿岸部や漁港などから出る有機物を利用したバイオメタノール合成炉による資源循環エンジンを考えていきます。

　漁港・水産加工施設は、廃棄魚や食品残渣などバイオマス資源が多く発生しています。また漁港や卸売市場では、魚介類を入れるための発泡プラスチック容器が日々大量に使用され廃棄されています。魚の運搬用に使用された発泡スチロール容器は魚の臭いが付着します。この臭いは洗浄したぐらいでは除去できないため、発泡スチロール容器の再利用はできず、１回きりの使用で廃棄されています。これまで廃棄された発泡スチロールは加熱して圧

縮した塊にして、中国などに再生素材として輸出されていました。しかし
2018年から中国ではこのような廃棄物の輸入を禁止する政策がとられたた
め、廃棄プラスチックなどの行き場がなくなってきています。

　また一方で、海洋を浮遊するゴミや沿岸部に漂着するゴミも問題になって
います。九州東シナ海側や北海道東部の離島では、沿岸部が大量の漂着ゴミ
で埋まる状況も見られます。沿岸部の漂着ゴミに関しては「海岸漂着物処理
推進法」が施行され、漂着ゴミの発生抑制や回収処理が補助金などで進めら
れていますが、事業の継続性は、補助金の規模により決まる形となり、補助
金の削減とともに、回収が進まなくなる状況もみられます。

　沿岸部の漂着ゴミはその多くをプラスチック系ゴミが占めており、これら
が分解されてマイクロプラスチック（5mm以下のプラスチック片）になり、
海洋生態系への影響も懸念されています。このように、沿岸域では多くの有
機廃棄物の処理が課題となっており、バイオメタノール合成炉の利点を集約
的に利用できるのが、沿岸や沿岸部の漁港・水産加工施設であると考えられ
ます。

　そしてバイオメタノール合成プロセスで生成されたメタノールは、以下の
ようなさまざまな用途に利用するこができます。

① 　メタノール燃料電池の発電燃料として利用でき、漁港や水産加工場の
　　電力の自給が可能となる。

② 　メタノールはガソリン機関を搭載した小型漁船のガソリンに直接添加
　　することも可能であり、燃料費の削減が可能。またメタノール自動車の
　　燃料としても利用できる。

③ 　水産加工場から出る廃食油は、超臨界メタノールとの反応により石け
　　んなどの副生成物なしでバイオディーゼル燃料が精製でき、中大型漁船
　　に燃料を供給することもできる。

④ 　メタノール合成炉から出る最終的なスラグも、セメント材料として用
　　いることができ、沿岸部土木工事や漁場形成などに利用できる。

⑤ 　メタノールはさまざまな化学製品製造の起点となる基礎物質であり、

プラスチックの生産など、さまざまな工業材料を製造することができる。

⑥　メタノールを栄養源とする C_1 微生物によるタンパク質の精製も、海
　外では技術的な事業例があり、養殖用の餌として大豆などの合成試料に
　添加することができる。

　このように、メタノール合成炉は、漁港や関連水産施設のエネルギー自給
やゼロエミッション化を可能とするだけではなく、化学基礎製品や人工飼料
をもつくりだすことができるものです。図3-7に示すようなバイオメタノー
ルを核とした「資源循環エンジン」を形成することが可能となります。さら
にメタノール合成炉のガス化過程で、重金属などの除去なども原理的に可能
であり、海の浄化システムとしても機能すると考えられます。

　現状の産業文明の社会は、石油をエネルギー源とした「散逸構造」である
と先の章で述べました。そして、この産業文明が進化して発展し世界的に広
がったのは、石油が単に利便性の高いエネルギー源であったということだけ
ではなく、石油が多様な素材の基礎製品としても利用できる技術が確立でき
たことにあると考えられます。石油の原油からは、ガソリンや重油、灯油な
どのさまざまな燃料が生成されますが、この過程で生成されるナフサは、プ
ラスチックやさまざまな化学製品の基礎となる素材となっています。このた
め石油は燃料という観点だけではなく、素材の原料としても大きな役割を
担っています。そして、原油の精製から化学基礎製品の製造までを同一地区
で行う石油コンビナートは、現在の産業文明の象徴的な施設です。

　これに対して、図3-7に示すようなバイオメタノールを核とした資源循環
エンジンの形成が可能となれば、海のバイオマス資源などを原料としてバイ
オメタノールを生成することが可能となります。そして、このバイオメタ
ノールは燃料のみならず、さまざまな基礎製品も合成できるようになりま
す。石油に頼らずに燃料と素材を作り出すことができ、いわば「バイオメタ
ノールコンビナート」が形成できます。このように漁港、漁村が循環型の化
学コンビナートになる可能性を秘めていると考えられます。

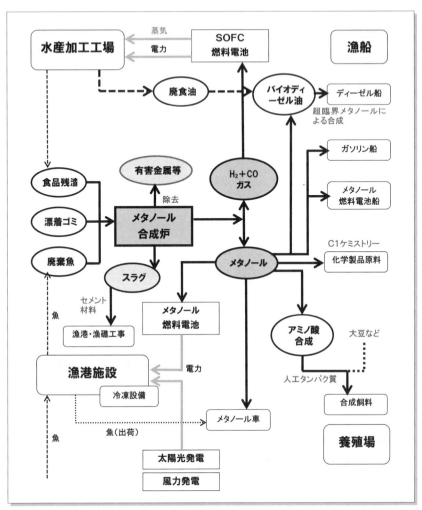

図 3-7 バイオメタノールによる「資源循環クラスター」のイメージ：沿岸域では多くの有機廃棄物の処理が課題となっており、バイオメタノール合成炉の利点を集約的に利用できる．製造したバイオメタノールは、エンジンの燃料、燃料電池での発電、化学製品の基礎材料、タンパク質の製造などに利用でき、より付加価値の高いものを生み出すことが可能になる。

(3) バイオメタノールコンビナートを起点とした循環型文明

　水産業はいま、高齢化による従事者の減少、水揚げ高の減少、燃料費の高騰、海外との競争激化など、多くの課題を抱えています。さらに、水産資源を生み出す海の環境も変化し、海洋の酸性化、有害化学物質汚染、プラスチック汚染も進み、水産資源の持続性の崩壊が懸念される状況となってきています。

　また「森は海の恋人」といわれるように、沿岸部の生態系を豊かに保つためには、河川を通して海に流れこむ栄養塩が重要であり、持続可能な漁業を実現のためには、森と海の永続的な栄養塩循環がカギとなります。

　このような中で、海と陸が接する漁港や周辺の水産加工施設を中心に、「バイオメタノールを核とした資源循環エンジン（＝バイオメタノールコンビナート）」が形成され、資源や栄養塩の循環の起点が形成されれば、海と森とをつなぐ循環の「エンジン」になります。さらにこのような資源循環エンジンが、日本各地の沿岸部に多数、構築されるようになれば、社会全体を真

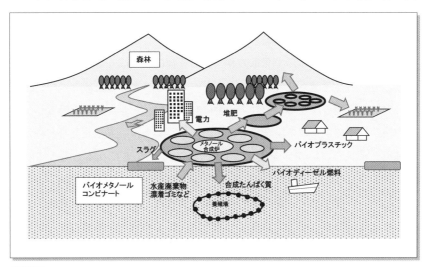

図3-8　沿岸部を起点としたバイオメタノール文明のイメージ図：沿岸部に構築されたメタノール型の資源循環エンジンは、海から陸への栄養塩の循環を復活させるだけではなく、エネルギー産業、素材産業としての側面も持ち、新しい文明の基盤となると考えられる。

の循環型社会へ移行（生態系の保全も含めた循環）を取り戻す大きな基盤になっていくと考えられ、同時に豊かな海を取り戻すことが可能となり、持続可能な漁業の実現にもつながると考えられます。

さらに、このようなバイオメタノール合成炉はバイオマスがあれば場所を選ばないので、内陸部の農業地域でも内陸型のメタノールコンビナートを作ることも可能であると考えられます。そしてこれらのメタノールコンビナート同士がさらに広域連携することで、図3-8に示すような沿岸部から内陸部まで、国土全体の資源循環が成立するメタノール文明を構築できるのではないと考えられます。

3-3　バイオメタノールを起点とした文明の構築

⑴ 海洋を浄化する文明システム

ここまで述べてきたようなバイオメタノールを軸とした分散エネルギー・クラスターを構築するためには、「バイオマスのガス化・メタノール合成炉」を導入する必要がありますが、その設備費を調達し、経済性を確保していくことを、何もない状態から始めることは難しいかもしれません。最初は、漁港施設や沿岸部への太陽光発電の導入などを経済的に成立させながら進めていき、それらを連動させて分散エネルギー・クラスターを形成しつつ、少しずつ利益を蓄積しながら、それを元手にしてメタノール合成炉を導入していく方法が必要です。この場合でも、先に述べたように、人工知能などの自動化技術を導入し、いかに無人化していくかがポイントになると考えられます。

そして、一度メタノール合成炉が導入されれば、多くの有機廃棄物が処理できるようになり、バイオメタノールの生成による発電や素材の生産が可能となります。経済的な利潤が得られるようになれば、その利益を有機廃棄物の回収のためのコストへ拠出することもできるようになっていくと思われます。この段階までくれば、海洋や沿岸部の有機廃棄物の回収が経済的に自律して進んでいくと考えられます。

　また、メタノール合成炉により、環境中の重金属の回収の可能性も技術的に検討していくことが可能なのではないかと思います。重金属には、環境中に放出された放射性物質も含まれます。この点については研究報告などを検索してもあまり見当たらない状況ですが、もし可能となれば、一方的に進んでいる海洋汚染に歯止めをかけることが可能となり、環境の浄化という公共的な役割も担うことが可能となります。

　将来的に有機物起源のメタノールコンビナートが、日本の沿岸地域で複数稼働するような状況になると、海洋浮遊ゴミや沿岸漂着ゴミはすべて利用されつくされてしまう可能性もあります。このような状況になったら、次のステップとしては、外来魚や外来生物の除去などを積極的に行い、それを有機物起源とすることが可能となります。これで地域固有の生態系の復元も可能となっていくでしょう。さらに海洋廃棄物の除去、生態系の保全が進めば、魚などの生産性も復活していくものと考えられます。

　このようなことが実現され海洋汚染が低減し、海の生産性が高くなれば、食用以外の海藻などを海で育てて収穫することにより、海の生態系を保持し

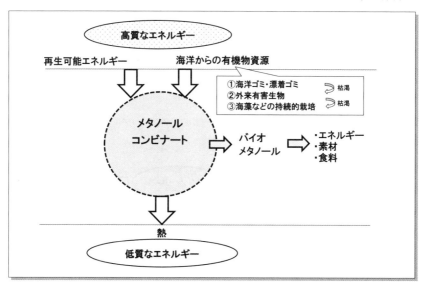

図 3-9 持続的にバイオ起源からメタノールをつくる

ながら、エネルギー源となる有機物を持続的に確保していくことが可能となります（図3-9）。海の生産性とエネルギー源の確保のバランスを考慮して、持続可能なポイントを探ることなどが新たな研究テーマとなっていきます。

(2) 二酸化炭素をコントロールする文明システム

　またメタノールは水素と二酸化炭素から触媒を利用することで合成することも可能です。化学式で示すと以下のようになります。

$$CO_2 \quad + \quad 3H_2 \quad \rightarrow \quad CH_3OH + H_2O$$

二酸化炭素　　　水素　　　　　　メタン　　　水

　この方法により安価に水素が得られれば、大気中の二酸化炭素や、工場などから排出される二酸化炭素を利用して、そこからメタノールを得ることができます（図3-10）。このような合成はすでに研究が進んでおり、三井化学などでは試験プラントを稼働[5]させています。また、太陽光発電など再生可能エネルギー源から得られた電力を用いて、水の電気分解などにより水素を得ることができます。

　現在、大気中の二酸化炭素を、化学合成して炭素燃料として再利用できるのは、植物による光合成のみです。しかし、再生可能エネルギー源から豊富

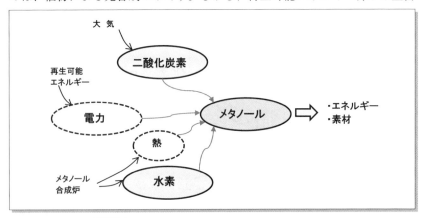

図 3-10 大気中の二酸化炭素からメタノールをつくる

な水素を得ることができるようになれば、一方的に濃度が上昇している大気中の二酸化炭素を「回収」することも可能であり、さらに燃料や素材へと幅広く利用できるメタノールを得ることができるようになります。

二酸化炭素の入手先として、まずは大規模工場や製鉄プラントなどから集中的に排出される二酸化炭素を利用することが有効と考えられます。そして、このような二酸化炭素の回収が進めば、徐々に大気中の二酸化炭素の濃度も減少してくると考えられます。また一方で、大気中の二酸化炭素の回収も技術的には可能であり、特殊フィルターに二酸化炭素を吸着させて大気から分離するDAC（ダイレクト・エアー・キャプチャー）[6] などの技術開発の報告もあります。

分散エネルギー・クラスターが形成され経済的に成り立つようになれば、余剰電力から水素を得て、メタノールを合成することも経済性の見通しがたっていくと考えられます。再生可能エネルギー源を用いて、水分解による水素製造も各所で研究が進んできており、高い収率を得ることが可能となってきています。水素をそのまま燃料源とすることも可能ですが、貯蔵性や素材としての利用を考えると、メタノールへの転換が優れていると考えられます。

このように、メタノールを基軸とすることで、バイオメタノール合成炉を用いて、海の廃棄物の浄化を進めることができるとともに、大気中の二酸化炭素をメタノールに転換することも可能です。二酸化炭素を地中などに貯留を行うCCS（Carbon dioxide Capture and Storage）も実証試験などが行われていますが、単に貯留するよりも燃料や素材として再生できるほうが有効であると考えられます。

このように二酸化炭素と水素からメタノールを得ることは技術的には見通しがたっています。しかしメタノールの合成プロセスでは、二酸化炭素と水素を圧縮して高圧にし、高温化する必要があり、そのために必要な電力や化石燃料を消費することになり、発電や燃焼のプロセスで生産されるメタノール以上の二酸化炭素が排出されてしまうことから、いまだ実用化に至ってま

せん。さらに国内の電力単価が高いために、経済性でもすでに工業的に生産されているメタノールに及びません。

　二酸化炭素の再利用のためには、大量で安価な電力を供給でき、さらに二酸化炭素を排出しない電力源が必要とされます。分散エネルギー・クラスターが経済的に成立して、全国的に普及することにより、安価で二酸化炭素を排出しない電力が、いずれは大量に余剰となる可能性があります。このとき、余剰電力から電気分解により水素を製造し、その水素と二酸化炭素からメタノールを得るプロセスも経済的に実現可能となってくる可能性があると考えられます。

　分散エネルギー・クラスターが、ほぼ無人で稼働し、原料も太陽光やバイオ起源などの有機物を利用することで、経済的に成立するようになれば、特に太陽光は無尽蔵なので、全国的に展開し、大量で安価な電力を供給することが可能となります。

　第1章で、文明社会の複雑度を向上させ、すべての人に必要な物資がいきわたり、物質が完全に循環するような散逸構造を構築するためには、大きなエネルギーが必要だと説明しました。次にくる文明へ段階的にシフトしていくためには、現状よりも一桁大きなエネルギーを容易に作り出せる環境で必要です。そしてたとえば10倍規模の電力を安価につくり出すことができれば、二酸化炭素を原料にしたメタノール製造プロセスもエネルギー収支の面でもコストの面でも有利になり、主流になっていく可能性があります。

　現行の化石燃料や原子力をベースとした電力供給体制ではとても10倍の電力を供給することできません。分散エネルギー・クラスターやそれが集積した資源循環エンジン、バイオメタノールコンビナートが日本中にできるなど、再生可能エネルギーの大規模な利用により、至るところにクリーンな電力が豊富にある社会となることが、次の循環型文明へのステップのひとつとなります。さらにバイオメタノール合成炉の利用では、電力の他に炉から出る排熱を、二酸化炭素と水素の反応に利用できるようにするなど、さらにコストの削減が可能となると考えられます。

(3) 分散エネルギー・クラスターの進化のステップ

　以上の内容を、時系列で整理してまとめ直してみると以下のようになります（図 3-11）。

①　最初は複数の太陽光発電が隣接で連携された小規模なクラスターが形成される

②　太陽光発電のクラスターが、エネルギー自給しつつ余剰電力が売電されるようになる

③　事業者などでは、コージェネレーションシステム（CGS）と太陽光電の複合クラスターにより経済性を追求し、余剰利益を得られるようになる。

④　一部のコージェネレーションシステム（CGS）でバイオ起源の燃料が利用されるようになる。ここでも経済性が確保され余剰利益が生まれる。

⑤　複数のクラスターの利益を合わせることで、メタノール合成炉プラントの導入を実現する。

⑥　メタノール合成プラントにより、水産廃棄物や沿岸廃棄物の大規模な利用が可能となる。山間部では農業廃棄物の大規模な利用をするメタノール合成炉が設置されていく。

⑦　産出されたバイオメタノールを用いてメタノール燃料電池が導入可能となる。その燃料電池を利用した分散エネルギー・クラスターが出現する。

⑧　分散エネルギーのクラスターの数が加速的に増加することにより、余剰電力が増大する。

⑨　電気分解による水素製造装置がコスト的に成立するようになり、水素による燃料電池を組み合わせたクラスターがでてくる。

⑩　さらに分散エネルギー・クラスターが複数連動することにより、資源循環エンジンが形成される。

⑪　大規模な余剰電力を用いた二酸化炭素回収システムが可能となってくる。

⑫　同時に複数の資源循環エンジンが形成され、有機物や栄養塩の循環も

可能となる。

⑬　森林の保全が進み、木質バイオマスの利用が進展する。海の生態系も
活性化し、水産資源の向上につながる。

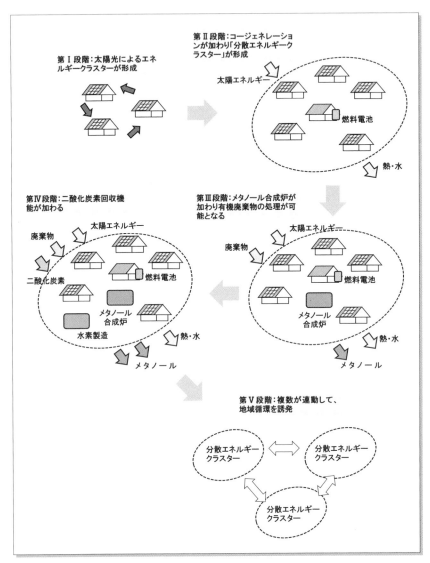

図 3-11　分散エネルギー・クラスターの進化のステップ

　このように、新しい文明は、その文明が広がるほど、大気や海が浄化され、生態系が豊かになります。これが、江戸時代の循環プロセスを、大規模な人口のもとで、世界規模で工業化された社会においても、実現することが可能となる道筋ではないかと考えています。

3-4　バイオメタノール文明を補完するマグネシウム燃料

(1) もうひとつの海の資源：マグネシウムを燃料とした文明

　ここまで、バイオメタノールを基盤にした文明を考えてきましたが、海を起源とした新しいエネルギー源の可能性としては、マグネシウムもその候補に挙げることができます。マグネシウムは金属元素の一種で、海水に豊富に含まれています。またマグネシウムは動物や植物の生命活動を支える必須ミネラルのひとつであり、ひじきなどの海藻類にも多く含まれています。豆腐製造の凝固剤として用いる「にがり」の主成分は塩化マグネシウムであり、海水から塩を作る際にできる余剰なミネラル分を多く含む液体（または粉末）です。このように、マグネシウム自体は海水に豊富に含まれており、海水の淡水化プロセスなどでも容易に取り出すことが可能です。

　また純粋なマグネシウムは、酸素と反応して強い熱と光を出し、酸化マグネシウムに変わるという性質があります。発熱量は石油が30MJ／kgに対して、マグネシウムは25MJ／kgであり、石油にはやや劣るものの燃料として十分な発熱量を持っています。東京工業大学の矢部孝教授は著書『マグネシウム文明論』[7] で、金属のマグネシウムを燃料とすることを提案しています。

　通常、反応しやすいマグネシウムは酸化マグネシウムの状態となっていますが、燃料として用いるためには、還元して純粋なマグネシウムに戻す必要があります。酸化マグネシウムを還元するためには、高温の環境が必要であり、そのために化石燃料を用いる方法では、マグネシウムを燃料として利用することはエネルギー収支的に合いませんでした。矢部教授は、太陽光を集光したレーザーを用いて、マグネシウムが製錬（還元）できることを実証し

ています。これが完成すれば、海水からマグネシウムを取り出し、レーザーで製錬して、燃料として利用することができます。さらに燃焼後生じた酸化マグネシウムを再度レーザーで製錬して、マグネシウムに戻して循環して利用することが可能であり、マグネシウムをエネルギーの基盤とした「マグネシウム循環社会」ビジョン（図3-12）を示しています。

　この構想の良い点は、太陽光エネルギーは豊富に存在するものの、エネルギー密度が低く、天候に左右されるという弱点をうまく克服していることです。化石燃料に代わりマグネシウムを用いることにより、工場等での大規模な熱源へも対応することが可能となり、また火力発電所でもマグネシウムを燃料として発電することが可能となると考えられます。

　またマグネシウムは水と反応させて燃えるときに熱とともに、水素を発生させることができます。熱は生産設備や発電用の熱源として用いることが可能であり、水素は、前項で述べたように、二酸化炭素の回収などに利用したり、メタノール合成に利用することも可能となります。

　また、マグネシウムを電極とした燃料電池である「空気マグネシウム電池（MAFC）」の研究も進んでおり、負極に金属マグネシウムを使用し、正極に空気中の酸素を使用します。電解液としては食塩水が利用され、研究段階

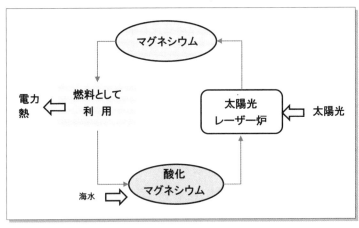

図 3-12　マグネシウムを燃料とした循環型社会

では、90％の発電効率が得られているそうです。

　従来からも自然エネルギー源から水素を作り、それを燃料として供給する「水素社会」がリフキンをはじめとしてさまざまに提案されてきていますが、水素製造の変換効率の低さ、水素の扱いの難しさや供給体制などの問題で、思うように進んでいません。

　一方で、海を起源とした有機物から作るメタノールや、海から得られるマグネシウム燃料などを利用することで、海の資源をベースにしたエネルギー供給体制を構築し、新しい文明を描いていくことができるのではないでしょうか。海の有機物やマグネシウムは豊富にあり、原油など海外の政治情勢に左右されることのない国産エネルギー源を入手することが可能となると考えられます。最終的には、これらを基盤に化石燃料を消費しない文明にも移行していくことが可能ではないでしょうか。

(2) 海洋資源開発

　海の資源としてしては、水産資源やエネルギー資源の他に、海底の鉱物資源があります。特に近年、海底の鉱物資源としてレアメタルが注目されています。

　鉄や銅、亜鉛、鉛、アルミニウムなどのように社会の中で大量に使用され、生産量が多いものは「ベースメタル」といわれています。また、貴金属は、金、銀、白金（プラチナ）やパラジウムなどの8元素を指し、希少で耐腐食性がある金属を指します。

　一方で、レアメタルは、「地球上の存在量が稀であるか、技術的・経済的な理由で抽出困難な金属のうち、安定供給の確保が政策的に重要」と経済産業省が定義している、金属31種類の総称です。また、レアアースは「希土類元素」と呼ばれる15種類の元素（原子番号57のランタンから71番のルテチウムまで）の総称であり、レアメタルの一部に含まれます。原子番号が小さいものを軽レアアース、大きなものを重レアアースと呼んでいます。そしてこのレアメタルは、構造材料へ添加して特性を向上させたり、また電子

材料・磁性材料などの機能性材料などに使用されます。たとえばレアメタルの一種であるネオジウム（Nd）は、強力な磁石を作るために必要で、ハイブリッド自動車のモータなどの材料として利用されています。またディスプロシウム（Dy）は、高温でも磁性が弱くならないための機能性材料としてなくてはならないものです。

　しかし、陸上のレアアース鉱床は、ほとんどが軽レアアース鉱床であり、採掘される軽アースの中にトリウム、ウランなどの放射性元素が含まれているという問題があります。このため国内のレアメタルは、約8割を中国からの輸入に頼っています。中国南部のイオン吸着型鉱床のみが重レアアースを産出していますが、山の上から地面に直接酸を流し込み、山のふもとで酸を回収し、そこに溶けた重金属を回収するという方法がとられていて、甚大な環境被害を起こす危険性が高い方法が採られています。さらに、中国がレアアースの輸出を制限するなど外交カードとして利用した過去もあり、国内で安定した供給が求められています。

　一方で今までに海底にもレアメタルが豊富に存在することが確認されており、新しい海洋鉱物資源として研究開発が進んでいます。いくつかを紹介します。

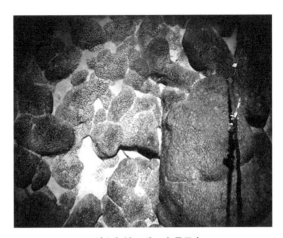

コバルトリッチ・クラスト

　「コバルトリッチ・マンガンクラスト」は、海水に含まれる金属成分が海山などの表面に沈殿して堆積して、海底を覆っている状態になっている鉱床であり、おもに鉄とマンガンの酸化物から構成されています。銅やマンガンなどのほかにコバルト、チタンなどのレアメタルが含まれ、さらに鉱石 1 トン当たり約 1kg のレアアースを含んでいることがわかっています。

　また「海底熱水鉱床」は、海底の熱水噴出孔（地熱で熱せられた熱水が噴出する海底の割れ目）の周辺にできるものです。熱水噴出孔から出る熱水には、海水が海底に染み込み岩盤を通る過程で、豊富な金属が溶かしこまれています。この熱水噴出孔は、熱水に含まれる金属などが析出・沈殿して煙突のような構造物を形成しており、これをチムニーといいます。そしてチムニーやその周辺の堆積物には、銅、亜鉛、金、銀、などの他にガリウムなどのレアメタルが含まれています。現在世界で 300 〜 400 か所の海底熱水鉱床が見つかっており、いずれも水深 1,000 〜 3,000m 程度にあります。一方で、チムニーの周辺には、独自の生態系が存在し、生物の起源を探るうえでの重要な存在といわれています。このためこの生態系を保全しながら、鉱物資源の開発することが難しいと考えられます。

　さらに「レアアース泥」は、海底火山から噴出した金属が、非常に長期間かけて海底の泥として堆積したものです。レアアース（特に重レアアース）の含有量が高く、太平洋に広く分布しています。このレアアースには放射性物質を含まないなどの利点があり、2013 年には、南鳥島沖で世界最高濃度のレアアース泥が発見されています（海底面下 2 〜 4m の浅い深度に、6,600ppm に達する超高濃度レアアース泥が分布していると報告されています）。

　一方で、このような海底のレアメタル資源も枯渇資源であり、採掘を続ければいずれは採りつくされてしまうでしょう。このため、一度利用したレアメタルをリサイクルする体制を国内でも構築していき、新規に利用されるレアメタルを可能な限り減少させていく必要があります。

　このような海底資源開発が海洋環境保全と両立しながら可能となれば、必

要最小限の鉱物資源を海底から取り出すことで、鉱物資源の供給という観点からも持続的な文明の構築が可能となっていくと考えられます。

SDGsの視点から

　　図3-8に沿岸部を起点としたバイオメタノールコンビナートのイメージ図を示しました。沿岸部に構築されたメタノール型の資源循環エンジンは、海からの陸への栄養塩の循環を復活させるだけではなく、エネルギー産業、素材産業としての側面も持つ、新しい文明の基盤となると考えられます。この図とSDGsの各目標との対応を示すと図3-13のようになります。バイオメタノール起点として産業システムを構築することで多くのSDGs目標の達成へと近づくことが可能であり、さらにこのようなシステムが発展途上国でも実現できれば、その他の貧困（目標1）、飢饉（目標2）、保健（目標3）などの実現にもつながっていくと考えられます。

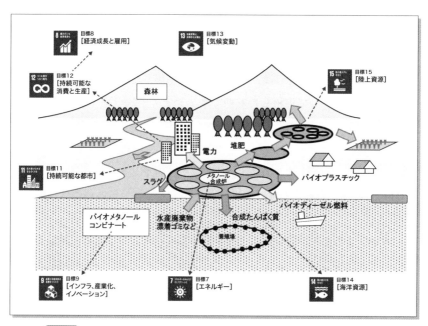

図 3-13　バイオメタノールコンビナートを核として、各SDGs目標の達成

課題 1

いままでのロボットや人工知能は、人間の作業を代替してくれるものでした。今後技術が進展して、ロボットや人工知能が「人の手を借りずに無人で何でもできる」能力を獲得した場合、いままでの技術とは本質的にどこが違うのかを考えてみてください。

課題 2

「機械を生み出す機械」、さらには「より優れた機械を生み出す機械（＝進化能力をもった機械）」を実現するための研究がどのように進展しているのか調べてみてください。

「分散エネルギー・クラスター」も自らエネルギーを取り入れて自律的に活動している組織体とみなすことができます。「分散エネルギー・クラスター」が自己複製しながら、進化してくことが可能かどうか考えてみてください。

課題 3

バイオメタノールを基盤とした社会を考えていくためには、本書でも取り上げていないさまざまな課題が考えられます。その課題を書き出すとともに、解決の方法を考えてみてください。

【参考文献】
1) 石田武志『人工知能ロボットがつくる「無人自動企業」の可能性：もう一つの人工知能人工「低」能による群知能がつくる未来』電子書籍 Kindle 版、2016 年 3 月
2) 石田武志、石田雅照、津田稔、生駒信康、「発泡スチロール系漂着ゴミの資源循環システムのための経済性評価基礎モデル」、水産大学校研究報告, 64 (2) 79-90（2018）
3) 石田武志、森俊介、都市街区内におけるマイクログリッド等の分散エネルギーネットワーク評価モデルの構築、エネルギー資源学会論文誌, 29, 1（通巻 167）, 8-14（2008）
4) 株式会社中央環境ホームページ、http://www.chu-ou.co.jp/jigyo/biomethanol 2019 年 6 月 26 日閲覧）
5) 三井化学ホームページ　https://www.mitsuichem.com/jp/release/2008/2008_0825.htm（2019 年 6 月 26 日閲覧）
6) クライムワークスホームページ、https://www.climeworks.com/（2019 年 6 月 26 日閲覧）
7) 矢部孝、山路達也、『マグネシウム文明論―石油に代わる新エネルギー資源―』PHP 新書（2009）

第4章

海洋文明国家のつくり方

4-1　2019年の現状：新しい文明をつくる土壌

2019 年の A 氏

　昨年大学院を卒業して電気機器関連メーカーに就職した A 氏は、研修を終え生産管理部門に配属された。日々、生産ラインのメンテナンスに追われ、また来月稼働する新しい製品の生産ラインの最終的な調整のため、最近は連日帰宅が夜の 12 時になってきている。さらに工場への人工知能や IoT などの情報技術の導入についても、早急な対応がないと、東南アジアの新興メーカーに負けてしまうとの噂も日々話題にあがり、今後自分の生活はどうなっていくのか不安を抱えている。

⑴ 新しい文明が萌芽するための土壌

　この第 4 章では、これまでの話を踏まえて、かなり想像力を動員して、筆者が考える未来の望ましい方向を描いてみようと思います。もちろん反論や異論などさまざまな意見が出ると思いますし、筆者の知識経験不足により、誤解や素人議論の部分もあると思いますが、今後の新しい文明の方向を議論していくためのたたき台のひとつになればと考えています。

　第 2 章で整理したように、文明が生まれて成長する条件をもう一度整理すると以下のようになります（図 4-1）。

　①　質の高い充分なエネルギー供給がある

　②　そのエネルギー差の中で、散逸構造が生まれる

　③　散逸構造内にさらに大きな自由度が生まれる

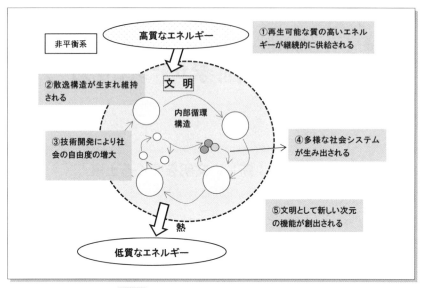

図4-1 新しい文明を生み出すための条件

④ 大きな自由度を利用して、多様で多重な構造や循環が生まれる

　ここで日本などの社会情勢をみると、一から文明という散逸構造をつくる必要はないのは明らかです。現在の都市、国家という散逸構造のフレームを土台として用いることができます。もし核戦争などで現在の産業文明がことごとく破壊され、ごく少数の人類のみが生き残るような状況であれば、文明を一から構築し直していく必要がありますが、現実としてはそのような状況にないので、いまの社会システムという散逸構造を基盤に新しい文明を築いていけばよいのです。現在の産業文明もいきなり原始的な生活などから生まれたものではなく、その以前の中世の社会システムを基盤にして誕生しています。このためすでにある文明という散逸構造を否定せずに、さらにそれを高度にしていけばよいと考えられます。

　参考に、もし現在文明が崩壊した後、残された人類がどのように文明を再興していくのかと考察した、ダートネル・ルイス著『この世界が消えたあとの科学文明のつくりかた』[1]　という書籍もあります。

　さきほどの条件の②はすでにできています。残っている条件のひとつは条件①の質の高いエネルギー供給です。先にも述べたように、散逸構造の複雑さを増加させるためには、より多くの質の高いエネルギーが必要です。このため、現在でも多くのエネルギーを消費していますが、より社会の構造を高度なシステムにするためには、エネルギーの供給量がさらに増加されることが必要です。これは、徐々に増えるというのではなく、数倍や一桁大きな量のエネルギーを、地球環境を破壊しない形で得る必要があります。「省エネルギー」との掛け声でエネルギーの削減がよくいわれていますが、これは化石燃料に頼って電力や燃料を生み出すことにより、その生産・消費の過程で多くの二酸化炭素が排出されるためにいわれてきているものです。二酸化炭素の増加による環境負荷を低減するために、加えて電力費を削減するために、「省エネ」といわれてきているもので、環境に負荷をかけない限り、消費エネルギーを増加させても問題はないはずです。「増エネルギー」というと、環境保全に逆行しているように思われますが、再生可能エネルギーなど、環境負荷の小さいものを用いれば、「増エネルギー」も許容されるものであると考えます。地球に降り注ぐ太陽エネルギーは、人類が消費している化石燃料の約100,000倍（地球に降り注ぐ太陽エネルギー量 1.73×10^{14} kW に対して、現在の世界のエネルギー消費量は、2.2×10^{9} kW であり、地球に降り注ぐエネルギーより5桁小さいレベル）なので、まだまだ利用余地は非常に大きく残っています。

　そして豊富なエネルギー供給という条件に加えて、さらに社会の中の自由度がさらに増加することが、新しい文明を生み出すもうひとつの条件です。このためには社会の民主化が一層進み、人が自由な職業を選択でき、多様な人生を選択できるようになるとともに、教育システムがより高度化し、多様な知識を持った人材が育成されることが必要です。同時に社会の自由度を上げるためには、技術開発が進み、さまざまな技術的選択肢が安価で自由に利用できるようになることも必要です。

　一方で単に社会の自由度が向上して技術開発が進んでいくだけでは、社会

がますます複雑化して、ひとびとが忙しくなり疲弊していくだけになってしまっては、よくありません。現在の社会をみると、技術の進展や社会制度の高度化が進む中で、社会が動くスピードが増加し、人びとがますます忙しくなって疲弊してきているような気がします。

このためもうひとつ重要なのは、「自動的に付加価値を生み出す仕組み」の技術開発に注力することです。いままでの文明もそれを支える基盤として、「自動的に付加価値を生み出す仕組み」をうまく利用しています。農耕文明は、植物や家畜が自然に成長するという生命体が持っている「自動で付加価値を生み出す仕組み」、すなわち成長して自己増殖するという能力を上手に利用して食糧の生産を増大することができました。産業文明のときには、エンジンの開発に成功し、人や家畜以外の大きな動力を生み出すことに成功し、さらに電気による制御技術を基盤に、生産の自動化技術が開発され、生産システムや社会システムが自動化されてきています。

しかし、現在の産業文明において、人が何もしなくても工作機械が勝手に動いて製品を生み出すことまではできておらず、「自動で付加価値を生み出す仕組み」がまだ完全ではありません。このため、生産ラインの周りでは多くの技術者や労働者が忙しく動きまわらないといけない状況です。また事務処理もコンピュータ化が進んでいますが、まだ完全に自動化されてないため、システムの更新の度に多くの人手がかかる部分が残されています。ロボットの性能も向上していますが、人間のような柔軟でなんでもできる労働者に代わるものはまだまだ少し先になりそうです。

近年、ようやく人工知能やロボットやRPA（Robotic Process Automation）などによる自動化、無人化の進展が始まってきています。RPAは、パソコン上で複数のアプリケーションを連動させることで、これまで人の手で行われていた事務作業を自動化するシステムです。農業の自動化についても、近年人工知能やIoT、ロボットを利用した自動化がさまざまに試みられています。

今後は、人が忙しく動きまわらなくても、ロボットや人工知能が付加価値

を自動的に生み出してくれるようにすることが必要です。現在でも産業用ロボットなど一部の作業が自動化されていますが、そのロボットを安定的に動かすには、技術者がその構築から運用までつきっきりで面倒をみていくことが必要です。人の手を借りなくても安定的に動き、必要に応じて増殖していく機械はまだできていません。新しい文明をスタートさせるためには、人工知能などにより人手を極力削減した「自動で付加価値を生み出す仕組み」を技術的に実現する必要があります。

(2) 情報技術の多様度の向上

　ここ40年間の情報通信技術（ICT）の進展により、情報化社会が急速に進んできており、近年は人工知能の技術が大きく進んできています。近年のICTの例としては、以下のようなものがあり、いずれも社会の多様度や自由度を飛躍的に増加させていくものであると考えられます。さらに、これらの技術を基盤として、これらを複合することで、人工知能を核とした「自動で付加価値を生み出す仕組み」を、社会のさまざまな場面で創出していく必要があります。

・5Gによる情報通信速度の向上
・人工知能によるプロセスの自動化、労働の代替
・デジタルファブリケーションによる少量多品種生産の実現
・IoTによる大規模な情報データの収集
・フィンテック、ブロックチェーンによる決済の自動化
・クラウド技術による計算資源の拡大と自由度の向上

　またICTに関連するもうひとつの潮流としては「技術のオープン化」が考えられます。従来、新しい技術は、独占的に企業が保有することが一般でしたが、情報技術を中心に技術のオープン化が進んでいます。オープン化というのは、企業や開発者がその技術を公開し、誰でも無償か安価な条件で技術を利用することができるというもので、特にさまざまなソフトウェアでオープン化が進んでいます。オープン化されたソフトウェアであれば、一定

の条件のもとで、誰でもそのソフトウェアを利用することや、改変することが可能となります。近年では、さまざまな人工知能のソフトウェアがオープン化されて公開されてきています。さらに3Dプリンタの普及により、さまざまな部品を簡単に安価に製作できるようになり、デジタルファイブリケーションという流れも加速しています。アルドィーノやラズベリーパイなど安価で小型の制御機器が誰でも利用できるようになってきています。このような状況は、メーカーに属さない市民技術者でもさまざまな自動化技術を入手して保有・運用することが可能になってきたことを意味します。

　さらに新しい文明が真に人びとの生活を豊かにして、ほぼ世界中の人を経済的な困難から救出するためには、「付加価値を自動的に生み出す仕組み」を大企業が保有するのではなく、市民が保有して自らの生活のために利用できるようになることがポイントであると考えられます。新しい文明をスタートさせるためには、人工知能など「自動で付加価値を生み出す仕組み」を技術的に実現し、その技術を一部の国や企業が独占するのではなく、多くの市井の技術者が利用できるようにする必要があります。

(3) 人の多様度の向上

　ICTを中心とした技術の多様度の向上に加えて、人の多様度の向上を図っていく必要があります。画一的な教育システムから、多様性を生み出す教育システムへの転換が必要であり、近年ようやく改革が始まってきています。しかし特に日本の教育システムは、長年指摘されているように画一性に重きを置きすぎていると思われ、近年、逆に画一性がますます高くなってきているような状況であり、大学生すら画一性が高くなってきているのではないかと思われます。現在は、eラーニングや人工知能を利用した教材などの進展により、好きなことを好きなように学べる環境が整ってきています。多数の生徒や学生が教室で一斉に教員の話を聞くような形の授業は、一部を除いて過去のものにしていく必要があります。

　一方で、労働環境も変化して、日本でも終身雇用体制はほぼ消滅しつつあ

る状況です。これは、健康寿命の延長とともに定年後も非常に長い人生が残されている状態となりつつあるということや、少子高齢化の進展により年金受給額は大きく伸びず、年金だけでは生活が厳しい状況となってきていることなどにより、60歳以降も働かなければならない状況となってきているという経済的な理由によるものです。さらに非正規労働者が増加し、正社員が減少しています。また正社員といえども毎年給与が上がるとは限らない状況となってきていて、リストラなどにより大企業といえどもいつまで働くことができるかわからない社会になってきています。

　このような中で、技術者の流動化も進み、定年退職した技術者も増え、まだまだ働くことができる経験豊富な技術者が在野に多く存在してきています。会社というフレームにとらわれない市民技術者のポテンシャルを上手に利用していくことが、新しい文明を切り開く基盤になると考えられます。新しい文明をスタートさせるためには、人工知能など「自動で付加価値を生み出す仕組み」を技術的に実現し、その技術を一部の国や企業が独占するのではなく、多くの在野の市民技術者が利用できるようにし、企業活動とは離れた場所で活躍できる場を構築することが必要です。

⑷ 分散エネルギーの多様度の向上

　日本国内でも固定価格買取制度により再生可能エネルギーの普及が急速に進んできています。一方で固定価格買取制度の期間が終了した発電設備が今後は増加して、電力自由市場で売買される電力が増加してくると考えられます。

　このような中で技術的な側面では、発電設備の多様度が増え、さまざまなエネルギーパスの選択が可能となってきています。コージェネレーションシステム（CGS）や燃料電池などの発電システムの多様性に加え、各種蓄電装置の普及、電気自動車のバッテリーを利用した蓄電システムの利用など、分散型の発電設備と組み合わせることで、多様な規模と需要のタイプに応じた電力システムを構築することができるようになってきています。

　またデジタルグリッドの技術の向上により、電力会社の系統連係（発電所から需要家までの電力の配線網のこと）から独立した電力システムを構築することも可能となってきています。オンサイトの発電設備をネットワークのように接続する「電力のインターネット」が構築できるようになってきました。

　たとえば2018年には、地震により北海道地方で大規模なブラックアウト（停電）が起きました。このときは、震源から遠く離れた道内の発電所や、各家庭の太陽電池パネルなどは発電ができる状態でしたが、一部の震源近くの発電設備が停止したため、全体の系統（発電所から需要家までの電力の配線網のこと）を止めざるを得ない状況となりました。これは、系統全体に流れる電力を、常に一定の周波数と位相に保っていないといけないという理由があるためです。一部の発電設備がとまると、電圧や周波数を一定に維持できずに、全体の電力を止める必要があります。

　このような大規模な系統に対して、地域の中で独自の電力配線を行い、電力をやり取りしていくという「マイクログリッド」の研究や実証試験が行われてきています。しかしマイクログリッドという言葉が生まれて10年以上経つと思われますが、一部の地域を除いて、なかなか普及していない状況です。

　近年は住宅にも太陽光発電が普及しています。一般に住宅用の太陽光発電は、昼間の電力が余る場合が多く、現在は、固定価格買取制度により電力会社がかなり高い単価で買い取ってくれています。しかし高く買い取るための財源は、一般の（電力の）消費者に負担してもらっており、この制度を永久に続けることは難しいと考えられます。いずれは、家庭の太陽光発電においても、電力取引市場のような場所での自由取引になっていくと考えられます。

　しかしもっと単純に考えると、電力が余ったら、隣近所に電力を安く融通するということがもっとできたらよいのではないかと思われます。たとえば、太陽光発電で余った電力を、隣家の太陽光発電が設置されていない家庭

に譲ってあげることができれば都合がよいです。しかし、隣に電力を売る場合にも、太陽光から出た直流電流を系統電力の電圧と周波数に合わせた交流電力に変換して電力を送り出すことが必要で、さらに電力を他の人に送るためには、電力を輸送するための託送料を電力会社に支払わなければなりません。この託送料が高く設定されているため、隣近所に電力を融通することは不可能な状況になっています（電力契約上もできないことになっていると思われます）。

コンピュータのインターネットは、全体を制御する中心のコンピュータがないものの、ネットワークにつながった個々のコンピュータが相互に情報をやり取りすることで成り立っています。同様に、太陽光発電などの小型の電力源が、相互につながって電力のインターネットのようなものができないのでしょうか。

東京大学の阿部力也先生の『デジタルグリッド』[2)]では、「デジタルグリッドルーター」という双方向のインバータ技術により、隣接地同士の需要家を結んで、セルという構成単位を作り、配電網を電力のインターネットに変えていくことが提案されています。セルは、住宅から地域、自治体レベルまでさまざまな段階が考えられ、既存の電力系統からの独立を可能とします。このような「デジタルグリッドルーター」が安価になり、さまざまな規模で利用できるようになれば、家庭内でも電力のインターネットが可能になり、自宅の太陽光発電の電力の一部を直接、家電の電力やスマートフォンの充電用に利用できるような時代がくるのかもしれません。この分野がいずれは大きな市場に育っていくような予感がします。

そして、このような独自の電力ネットワークがさまざまな階層ででき、相互に連携していくことができれば、電力の地産地消が可能になり、二酸化炭素の削減にもなり、災害にも強い地域をつくることにつながっていくと考えられます。しかし、このようなマイクログリッドを作るうえでの最大の難関は、地域の独自の配電網を構成することだと考えられます。

すでに電力会社の配電網ができているなかで、独自の配電系統を作るの

は、コストの面でも管理の面でも非常にハードルが高く、自然発生的にマイクログリッドが各地でできていくということは考えにくい状況です。

　しかし、「デジタルグリッドルーター」が利用できれば、隣同士の配線はどのような規格のものでも電力を相互に送ることができるようになると考えられます。極端にいえば、家電の100V用の電線でもよいと思われます。最大の難関は、隣同士で電線をどのように工事して（経済的な負担も含めて）設置していくかということかもしれません。隣の家と電線一本結ぶことができれば、マイクログリッドを作っていく基盤となりますが、電線一本結ぶことは結構、繊細な課題だと思われます。町内会などが音頭をとってもすんなり進むことは難しいかもしれません。

　そのような状況を解決するアイデアのひとつとして「ペロブスカイト太陽電池」が利用できるのではないかと考えられます。「ペロブスカイト太陽電池」は、従来のシリコンなどの素材を用いた太陽電池パネルと違い、軽量で非常に薄くてコスト的にも安く製造でき、今後の普及が期待される技術です。発電のための素材を薄いフィルムに塗って作られるため、非常に薄くて曲げることができるので、建物の壁面や電柱などさまざまな場所に設置することが可能となります。

　このペロブスカイト太陽電池を、隣接地を結ぶ電線の代わりに利用することができるのではないかと考えられます。たとえばこの薄型の太陽電池シートに、電力を融通するための配線も同時に組み込んでおきます。そして各住宅は、この薄型の太陽電池シートを建物外壁や塀の外側に設置し発電を行います。隣接の住宅同士は、塀がつながっていたり、極めて近い距離で設置してある場合が多いので、残りのわずかな距離をデジタルグリッドルーターを介して電線で接続すれば、隣接住宅を結ぶマイクログリッドを構成することが可能ではないかと考えられます。さらには、ペロブスカイト太陽電池を組み入れたコンクリートブロックや側溝のコンクリート蓋ができれば、より簡易に独自の配線網を作ることが可能であると思われます。

　新しい文明をスタートさせるためには、人工知能など「自動で付加価値を

生み出す仕組み」を技術的に実現し、その技術を一部の国や企業が独占するのではなく、多くの在野の技術者が利用できるようにし、企業活動とは離れた場所で活躍できる場を構築することが必要です。これらの技術を利用し、マイクログリッドなどの技術を構築できれば、豊富で安価なエネルギー源を獲得できるようになっていき、豊富なエネルギー供給という文明の発展の条件をクリアしていけるものと思われます。その安価なエネルギー源の下で市民技術者が多様な挑戦ができるという自由度が必要になってきます。

4-2　2020年代：新文明の萌芽

2029年のA氏の生活

　A氏は電機メーカーを退職し、農業ロボット技術者となっている。妻のBさんと子供たちと共に朝食をとった。今日は、「組合」のR地区の畑のロボットの確認の仕事があり、9時にでかけた。Aさんの技術者としての1日の労働時間は週3日、1日3.5時間である。昼に仕事を終えると家に帰る生活である。

　途中で「組合」が営業するスーパーに寄りフードカードで、食糧を購入する。ひと月に一定金額以内の食糧品と生活必需品は、週10時間の労働と引き換えに、組合から無償で支給され、決済はトークンを利用した地域独自の仮想通貨が用いられる。この地域仮想通貨により、地域内の経済循環率（地域の中で回るお金の比率）が向上し、域外へ流出するお金を削減でき、地域の経済基盤の強化につながっている。

　自宅に帰ってBさんと昼食を済ませると、午後は長年の夢である小説家を目指して執筆活動に入る。Bさんは、午後のみ学校の教員として3時間働いている。

　A氏の加入するこのXX組合は、A氏が住んでいる地域の住民がほぼ全員加入している。XX組合は、再生可能エネルギーと農業の自動化を基盤とした事業体である。その高度な自動化技術により、ほぼ無人でエネルギーと農業を営んでいるが、やはり完全に自動化、無人化には至っていな

い。このため、Ａ氏のような技術者や労働者が必要になるが、一般営利企業と違い、労働時間は週に10時間程度である。給金の代わりに、自宅の家賃、電気代が無償になると同時に、フードカードによる食糧、生活必需品の供給が行われる。

　週3日、半日ずつ技術者として働くことで、衣食住が供給されるので、精神的にもゆとりがある。残った時間は小説を書く。最近は自分の小説も電子出版で売れるようになり、現金収入も増加してきた。

(1)「ひとり電力会社」から「無人電力会社」の誕生

　近年はデジタルファブリケーションの進展で、「一人製造業」なども可能になってきました。一人製造業とは、一人で商品の企画、設計、製造、流通を行う事業体です。一般に何か製品を製造して販売するには、従来は多くの生産設備が必要になり、このため多額の投資をもとに、多くの生産設備や従業員が必要でした。しかし、インターネットの登場やさまざまなツールがオープン化され安価に利用できるようになってきたうえ、インターネットを利用したサプライチェーン（原料の調達から製品やサービスの製造、流通、販売までの全プロセスのつながり）も構築できるようになってきました。このため、一人でも製品の企画、設計ができれば、その試作品の製作を、ネットを通じて発注することも可能となり、さらにその生産委託も国境を越えて発注できるようになってきました。できた製品ももちろんインターネットで販売していきます。これに必要な資金もクラウドファンディングで簡易に集めることも可能となってきました。

　そしてこれと同様に、先に述べたような電力のインターネット化技術などにより、今後は一人で電力会社を作ることも可能になっていくと考えられます。従来の電力会社は、大規模な発電設備を複数保有し、そのスケールメリットを利用して電力の単価を引き下げることを行うとともに、ほぼ地域独占が許可されてきました。電力の自由化の流れにより、従来の電力会社よりも小規模は発電設備の市場参入も許されるようになってきていますが、この

流れが続けば、住宅用太陽光パネルなどのさらに小規模な発電設備も電力市場に参入できるようになることが考えられます。

　小型の発電設備が電力市場に参入できるような状況になり、さらに近隣設備の電力をマネジメントできる技術がオープン化され、安価に利用できるようになっていくと、近隣の分散電源を連動させていくつかの「群れ」を構成し、分散エネルギー・クラスターを形成し、電力売買を行っていくということが可能となります。

　これは電力設備と情報システムに詳しい技術者（電力設備を扱うことができる資格を保有し、情報技術にも詳しい技術者）がいれば、一人でも構築することができるのではないかと考えられます。「一人電力事業者」の誕生です。自宅のパソコンに向かいながら、近隣の太陽光発電の電力をマネジメントして、地元に安価な電力を供給しつつ、電力売買を行っていくという「電気事業者」が生まれていくことが考えられます。

　もう少し具体的に想像してみると、一人電力事業者は、固定価格買取制度の期間が終わった太陽光パネルなど、余剰電力の売電単価の低下により、採算性の悪くなった状態の発電設備を、電力会社より安い電力の提供を条件に借り上げます。太陽光パネルの設備費自体は償却が終わっているので、借上費は安く抑えることが可能となり、設備費の負担はメンテナンス費程度で抑えることができます。ここに電力のインターネットを導入し、近隣設備での電力融通を安価に行い、地域内での発電電力の地産地消を目指します。安い価格でしか買い取ってもらえない電力市場への売電は極力回避することができます。

　そして地域内で電力を安く売っても、設備費や人件費などが極力かからないため、利益の確保が可能となり、メンテナンスも自ら行うことにより、コストも下げられるので、利益の蓄積も可能となっていきます。一度、ローカル電力インターネット（＝分散エネルギー・クラスターの初期段階をイメージしています）が稼働していけば、それにRPA（Robotic Process Automation）などの技術を導入すれば、電力マネジメントもほぼ無人で行

うことが可能となると考えられます。これにより、複数のローカル電力イン
ターネットも一人で管理できるようになります。設備ネットワークの規模が
大きくなると、設備管理など人が行わなければならない部分は、複数の人が
必要になってきて人件費がかかるようになりますが、技術者の流動化をうま
く利用して、定年後の電力技術者などを副業で短時間働いてもらうなどの方
法を考えていくことができると思います。

　そして、ここで蓄積した利益を投資して燃料電池や蓄電池などの設備を設
置することにより、さらに高度な電力マネジメントが可能となって、分散エ
ネルギー・クラスターの形が整ってきます。最初は太陽パネルのみのエネル
ギー・クラスターであったものが、地域の特性を生かしたさまざまな電力設
備を導入することが可能となります。たとえば、都市部であれば、都市ガス
を利用した燃料電池などを組み入れることが可能となります。また山間部で
あれば、農業残渣などを利用したバイオマス発電設備を加えることができま
す。近年は小規模なバイオマス発電設備なども製品化されてきています。沿
岸部であれば、先に紹介したような、沿岸に漂着する廃棄物を「燃料」にし
たシステムを稼働させることもできるようになります。

　すでに地方自治体が設立する新電力会社が31自治体（2017年）[3]で設立
され、今後は100を超える見込みとなっています。これらの自治体新電力
は、限定された地域を対象に小売電気事業を行っており、地元での雇用創出
や経済活性化に貢献しています。例えば福岡県みやま市にある「みやまス
マートエネルギー（株）」では約50名の地元の雇用を生み出しています[3]。
また、これより規模の小さいNPOなどによる取り組みもさまざまな地域で
行われてきています。例えば岐阜県石徹白地区では、若者が中心になり「地
域再生機構」というNPOを設立し、小型水力発電を軸に地域活性化が進め
られ、地域の電力の完全自給を達成しているそうです[4]。

(2) 農水産業のスマート化

　今後、自動化が進む分野として農業が考えられます。現在、スマート農業

として、情報通信技術や人工知能、ロボットを利用して、農業の自動化が進められてきています。

　農業文明の始まりから産業文明までは、農業はほぼ人力と家畜の力のみで行われてきました。このため人や家畜が出せる力の限界が農産物の生産量に制約を与えていました。産業革命後、エンジンの発明により人間や家畜を大きく上回る力を作り出すことが可能となり、エンジンを用いた農耕機により農作業も工業化してきています。トラクターなどのさまざまな農機の開発と普及で大規模な農業を少ない人数で運営することも可能となりました。特にアメリカの農業などのように、小麦やトウモロコシなどは大規模農業が可能となりました。

　一方で、多種多様な農作物のすべてにおいて大規模な機械化が進んでいるわけではなく、農作物の種類や規模によっては、まだまだ自動化が進んでいない状況です。人間の目でみて判断しなければならない部分、人間の手足のように柔軟に移動して細かい作業を行う部分は、まだまだ一括して機械化ができない分野です。

自動運転で農作業を行う「ロボットトラクター」（札幌市）

　しかし近年は、農業者の長年の勘などに当たる部分も人工知能に代替できないかとの研究も興隆してきており、ロボットの性能も向上し、農作業の細かく多様な作業も代替できるとことが増えてきています。これがさらに進めば、一人製造業のように、「一人大規模農業」も可能となっていくと考えら

れます。農地にはりめぐらされた IoT センサーで農地の状況をモニターし、作業ロボットが必要な作業を行っていき、出荷まで自動化できるようになってくるのではないでしょうか。農業従事者はモニターをみて、パソコンで指示するのが主な仕事になるという時代がそれほど遠くない時代に実現すると考えられます。

　しかしここで、人工知能やロボットなどを情報開発会社やロボットメーカーから購入する形にすると、それぞれの価格が高くなってしまいます。農作物の種類や作業の種類を考えるとそれぞれで人工知能やロボットを個別に開発しては、単価が非常に高くなります。なんでもできる汎用ロボットは汎用人工知能などの搭載ができないとまだ少し難しいと考えられます。

　このため、農業従事者自らがロボットやプログラムに詳しくなり、汎用部品等でロボットを安価に造りだせるような能力が必要になってきます。人工知能についても、自らプログラムをして自分の農地に最適なソフトウェアを開発できるようにすることが必要です。あるいは農業従事者自身ではなく、地域に人工知能やロボットに詳しい「農業情報技術者」がいれば、その技術者と協働することで、地域の複数の農家を IT 化、ロボット化していくことができるようになるのではないでしょうか。さきほどの一人電力会社も電気設備に詳しい市民技術者がいることで実現の可能性が出てきますが、一人農業も人工知能などに詳しい地域の市民技術者がいれば、実現可能性が高くなると考えられます。

　同様に、そのような情報技術者がいれば、水産分野でも自動化を大きく進めることが可能になります。いきなり漁船を完全無人化することは難しいかもしれませんが、漁業の作業の一部をロボットや人工知能に代替していくことは可能であると考えられます。特に養殖業などは自動化をさらに進める余地があります。たとえば内陸の養殖設備などは、すでにかなりの部分が機械化されていて、少ない人数で管理運営されていますが、さらに自動化を進めていけば、「一人養殖業」も可能となっていくのではないでしょうか。

(3) ひとり電力事業とスマート農水産の融合

　先端情報技術のオープン化が進み、企業の枠にとらわれない技術者が増加すると、このように、一人かごく少人数で電力事業や農業経営を行う先進的な取り組みが 2020 年代には増加していくものと考えられます。

　電力事業と農業経営は、当初は別々の事業としてスタートしていくと考えられます。しかし、基盤となる情報技術や自動化技術は共通のものが多いので、いずれは両方を手掛ける個人事業者も出てくると考えられます。両方の事業を行うということは、エネルギーを自給でき、食料も生産できることを意味します。農業において、自給により安価なエネルギーが得られるため、経営的にはさらに競争力がでてくるようになります。そしてこの自動化の基盤技術を用いて、さまざまな農作物に適用することで、周辺の農地へ拡大し、規模の拡大を行うことができます。

　そして 2020 年代の後半には、エネルギーも食糧も大部分を自給できる事業体が生まれてきている可能性があります。この事業体はエネルギーと農業の生産を自動化することで、「自動で付加価値を生む」体制が構築できているため、半ば自動的に利益も拡大でき、事業の拡大を広げていくことが可能となります。

　しかし、この事業活動を株式会社などの営利企業として行うと、株主や創業者などへの利益が過度に集中することになり、社会の経済格差拡大につながっていってしまいます。このため、このような自給自足型の新しい事業体は、非営利型の組織として発展していくことが望ましいと考えられます。日本国内の法人形態のなかでは、社団法人などの非営利組織や、個人事業主が集まった事業組合という形式がよいのではないかと考えられます。

　ここで、このような事業体に何か良いネーミングをつけてはどうかと思います。本書では、「エネルギー・ネクサス組合」と名前を仮につけることとします。ネクサスとはつながりを意味する英単語です。このエネルギー・ネクサス組合は、エネルギー設備や農業システムにおいて、人工知能による自動化技術をフルに生かしたマネジメントを行うことで、エネルギー自給と食

糧生産を極めて少人数で実現することを目指し、人件費を極力抑制した組織です。とはいえ、エネルギー設備の管理や農業のすべてを完全に自動化できるところまではロボット技術も進展していないので、どうしても人の手での労働も残ってしまいます。この人の労働の部分においては、従業員を低賃金で雇用して人件費を抑えて、利益を確保するという従来の企業の発想にいくのではなく、地域の高齢者などの人材に組合に参加してもらい、適材適所で作業に参加してもらうような仕組みをつくってはどうでしょうか。学生や高齢者でも短時間で、自分のもっているスキルが使える部分で事業活動に参加してもらう形態にします。

　そしてエネルギー・ネクサス組合で自給したエネルギーや農作物を組合員でシェアするような体制をとります。充分な規模のエネルギーと食糧の生産が、かなり高度な自動化により実現すれば、短時間の労働でエネルギー、食糧の無料配給を受けられるような仕組みを構築することができるのではないでしょうか。空いた時間に組合に参加すれば、電気と食糧の無料配布がそれに応じて得られるのであれば、企業に低賃金で雇用されるよりは、こちらを選択する人が増えていくと考えられ、エネルギー・ネクサス組合が営利企業体よりも大きな成長力を保持できる可能性があると考えられます。

　現在ベーシックインカムの議論が各所で盛んになりつつあり、海外では実証事業なども行われています。ベーシックインカムは市民全員に最低限の生活費を支給する政策です。エネルギー・ネクサス組合は、現金を直接渡すものではありませんが、エネルギー・食糧を短時間の労働参加と引き換えに提供できるものとなるため、ベーシックインカムに通じていくものでもあります。

　またエネルギーと農業での事業が安定すれば、住宅の整備などへの事業も行うことができるようになります。近年は空き家も急速に増加しているので、それらを再整備することにより、組合員には、安価あるいは無償の住宅も提供できるようになると考えられます。

　たとえば、組合に参加して、自分の得意な部分で週に10時間労働すると、

エネルギーと食料と住宅が保障されるような組合が設計できるのではないでしょうか。残りの時間は、さらに働いて現金収入を確保してもよいし、自分の好きなことに挑戦してもよいし、子育てに専念しても、のんびり暮らしてもよいでしょう。この仕組みは眠っている労働力を活用することができ、同時に多彩な人材を引き付けることができるものであります。

SDGsの視点から

　本項では、再生可能エネルギーと ICT 技術の組み合わせにより、地域のエネルギーの自給というシナリオを描きました。安価で自律的なエネルギーネットワークは、防災などの観点からも地域の強靭さを向上させるインフラの基盤となるとともに、産業の競争力を高めていくことが可能となると考えられます。

目標7
[エネルギー]

　また ICT を駆使した共同組合などによる一次産業の推進は、食料の自給率を高め、国や地域の食料安全保障に寄与することができます。最終的には最低限の食料を無償ですべての人に提供することが可能となり、ベーシックインカムの実現につながっていくと考えられます。これにより日本国内でも相対貧困の克服につながっていくと考えられます。またこのような取り組みやノウハウを発展途上国に移転することも可能であると考えられます。

目標9
[インフラ、産業化、イノベーション]

目標1
[貧困]

4-3　2030年代：エネルギー・ネクサス組合が自治体、大学、企業を飲み込む

2039 年に A 氏

　XX 組合は、地域住民のほぼすべてが加入し、エネルギー設備の拡充、農地の拡大が進められ、養殖業にも参入してきている。同時に地域のスーパーの経営も手掛けるとともに、空き家を買収・改修することで、組合員への住宅供給も続けられている。自治体からの公共工事も請け負うようになり、組合員の中で建設や土木工事に詳しい人間が仕事にあたっている。

　A 氏も相変わらず、週 10 時間労働と小説家の仕事をしているが、最近は、さらにロボットの自動化が進み、ロボットがロボットの整備をすることが可能になりつつあり、メンテナンスの仕事は少なくなってきている。そのため、週の半分は、地域の大学で技術者養成のために講師として授業を行っている。

　ある日 A 氏はいつものように目覚めると、手元のスマートフォンに、本日は YY 市立大学の経営を XX 組合に移管する議案の賛否を問う投票の期限であるとのメールが届いていた。XX 組合の事業を行う地区では、行政機関は電子化され議会は簡略化されてきており、重要な案件はすべてインターネットでの住民の直接投票に代わってきている。

　長男の C 氏は、大学院を卒業し、組合の新規事業を開発し、育成する部門で働いている。こちらはフルタイムの仕事であり、食糧・エネルギーの無償供給に加えて、地域仮想通貨での現金の給与もでる。

　長女の D さんは、現在 YY 市立大学の学生であるが、XX 組合員には、学費の支援があり、ほぼ無償で大学に通うことができている。YY 市立大学の経営が組合に移管されたあとは、学費は無償になる予定である。

　このころになると A 氏の両親も都市部からこの地域に引っ越してきた。年金制度は維持されているものの、年金額は非常に低くなり、もはや年金だけでは生活費の 3 分の 1 しか補えない時代となり、食べるためには一生フルタイムで働かないといけない世の中になってきている。

　このため A 氏の両親も引越をして、XX 組合に参加した。父親は、長年の土木技術者としての経験を生かし、週 10 時間、組合施設のメンテナンスなどを手掛けている。母親は長年持病があり、働けない状況であるが、他の家族の衣食住の基本保障と年金などのいくらかの現金収入で、問題なく暮らしていける。XX 組合では、高齢者もできる範囲で、10 時間以内の労働に参加してもらうことを基本としているが、病気や働けない人は、組合の保険制度で保障を受けられる仕組みとなっている。

(1) 自治体の発展的解体

　このようにエネルギー・ネクサス組合が成功してくると、組合への加入が急速に進むこととなります。そして、エネルギー・ネクサス組合の構成員が地域人口の中で高い比率を占めるようになると考えられます。このようになると地方の小規模自治体から、順次、組合から選出され立候補した議員が、地方自治体の議員の大半を占めるようになり、また自治体の市長、町長などの首長も選出できるようになってきます。組合が、自治体の立法、行政をコントロールすることが可能となってくるでしょう。

　ここで、組合は自治体での権力や利権を肥大化させるのではなく、議会や自治体業務の自動化や削減を積極的に進めていきます。まずは、議員数の大幅削減を実行し、さらに議員の給与をゼロにすることも可能となります。議員となる人も組合に参加しているので、衣食住は保障されています。

　同時に、自治体業務の大部分を人工知能やクラウドシステムへ代替することにより、自治体職員の大幅削減を実現することも可能となります。ただしすべての自治体業務を完全になくすことはできないため、多くの行政業務は、組合への委託という形にし、最小限の運営企画業務のみの役所機能を残す形となります。そして、議員の削減や議会の簡略化により、地域の重要案件や条例などの制定は、ネットによる直接民主型の政治に移行させていきます。

　以上のような改革により、地方自治体の慢性的な赤字を解消するととも

に、住民税の大幅削減を実現することも可能になるでしょう。究極的には住民税をゼロにすることを目指します。

　いきなり大きな自治体でこのような改革を進めていくことは困難であるので、最初は山間部の町村などの小規模な自治体で改革を実現していくこととなります。そしてもし住民税ゼロが実現すれば、その自治体への移住者が急増していくと考えられます。幽霊住民をなくすためには、移住と組合参加を同時に行っていくなどの工夫をしていく必要があるかもしれません。そしてこのような改革が1つの自治体で実現できれば、その方法を近隣自治体に拡大して、近隣自治体を順次飲み込んでいくことが可能となっていくと考えられます。最終的には、県レベルの行政も組合配下におき、自治体機能の縮小、解体を進めていくことが可能となります。

　本書のシナリオは地方の山間部からエネルギー・ネクサス組合が普及していくというシナリオを描いていますが、広井良典氏『人口減少社会デザイン』[4] では、日本の将来を人工知能により約2万通りの将来シミュレーションを実施したことが紹介されており、持続可能な社会の実現のためには、都市集中型シナリオでは困難で、地域分散型シナリオが必要との結論が示されています。そして、地域分散型シナリオを実現するためには、「環境課税、地域経済循環を促す再生可能エネルギーの活性化、まちづくりのための地域公共交通機関の充実、地域コミュニティを支える文化や倫理の伝承、住民・地域社会の資産形成を促す社会保障などの政策」[4] が有効であると述べられています。また、井上 岳一氏『日本列島回復論―この国で生き続けるために』[5] においては、「山水郷」（里山に近い概念）が日本の持続性を高めていく鍵であると述べており、本書で示す、再生可能エネルギーを起点として山間部から新しい持続型社会が再構築されていくというシナリオに大きな間違いはないと考えられます。

(2) 地方大学を融合

　エネルギー・ネクサス組合の基盤は、エネルギー生産と農作物の生産にお

いて、可能な限り自動化・無人化を進めることで、「自動で付加価値を生み出すシステム」を構築することにあります。しかし、完全に無人化することは、究極の目標でありますが、まだまだ技術者が自動化を研究開発していかなければ実現が難しい部分も多くあります。このため、人工知能による無人化や、ロボットによる自動化など、組合の事業の自動化をさらに進める地域密着の技術者を育成することが必須となってきます。

現在の大学は、産業界への人材供給のみしか考えていませんが、地域の組合を支える市民技術者の育成がこのころには必要となり、これを地域の大学で育成することが求められるようになります。組合員が増え、地方行政も支配下にすることができれば、地域の公立大学や私立大学をエネルギー・ネクサス組合の傘下に吸収することが可能となり、地域を支える人材の育成を主眼とした教育体制をつくることも可能となります。

単に再生可能エネルギー設備と、農業の自動化の技術のみならず、地域の都市、社会基盤を支える建築、土木、情報、機械、電気などさまざまな分野の市民技術者の育成を行います。同時に地域社会に必要なさまざまな専門家（医師、看護師、薬剤師、教員など）の育成も行っていきます。

そして市民技術者が増加し、相互のネットワークができ、それが一定の規模に達すると臨界点を迎え、組合が企業に代わる新たな技術開発の基盤となると考えられます。同時に地域の大学は、市民技術者の育成とともに、エネルギー・ネクサス組合をより発展させるさまざまな研究開発を行う拠点となることが可能となります。地域の大学は、新しい工学教育の現場となり、市民技術者を養成し、地域に必要な新しい技術を生み出す大学へと変わっていくことになります。

⑶ 沿岸部でのメタノールコンビナートの形成

エネルギー・ネクサス組合が大規模化してくることで、さらに高度なエネルギーシステムを自前の技術者により構築、運営していくことが可能となります。この段階になると、海洋ゴミや沿岸の有機物を利用したメタノール合

成炉の構築も自前でできるようになり、バイオメタノールを基軸としたエネルギー・クラスターを構築することが可能となると考えられます。

　先に紹介したような、バイオメタノールを核とすることで、メタノールからプラスチックなどさまざまな素材生成が可能となり、また、メタノールを食べるC_1微生物により、タンパク質の生産も可能となります。これにより畜産、養殖などの飼料の生産も同時に可能となり、自給レベルをさらに高くしていくことができます。

　さらに進むと、前章で述べた「メタノールコンビナート」が形成されていき、資源循環エンジンの形成も進んでいきます。そしてさまざまな地域で、資源循環エンジンが動き出すようになるでしょう。資源循環エンジンは、都市型、郊外型、山間地域型、沿岸部型など、地域の特性に応じた最適なものが形成されていきます。

旧来の石油コンビナートはバイオメタノール型のコンビナートへとシフトする

⑷ 組合を支配する権力者の台頭を防止

　ここでエネルギー・ネクサス組合の経営の部分を考えていきます。組合の経営、マネジメント、運営は可能な限り、人工知能などの自動化技術を基盤として、人間が判断する部分においても、インターネットでの住民の直接議

論、投票によって進めていき、特定の人間に権力や利益が集中しないような組織設計を行っていくことが必要です。これにより、組合が生み出した付加価値は、組合員に最大限分配されるようにしていきます。

　また国内でこのような組合がいくつも設立され、お互いに競争するような環境ができることが望ましいと考えられます。組合員への付加価値の分配が大きい組合のほうが、組合員を有利に獲得でき、成長できるようにします。一部の経営者や構成員に富が偏ると、組合員への配分が減り、組合員が脱会し、組合が維持できないようにします。

　一方で、組合と企業は競争になっていくのでしょうか。基本的に組合と企業は共存できるようにしていきます。組合員の週10時間以外は、企業の社員として働いてもよいし、仕事の選択の自由は保障されています。従業員への組合参加を拒否するような企業は、地域で従業員を確保することが困難になり、共存せざるを得ない状況となっていきます。また、企業も従業員の生活にすべて責任をもつ必要がないので、社会保険や福利厚生の負担の低減が可能となり、短時間勤務など自由な働き方を提供できるようになると考えられます。

　またエネルギー・ネクサス組合に十分な資本の蓄積が可能となってくると、地域の企業の株を買収して、傘下に組み入れることも可能となります。近年は多くの中小企業で、後継者が不足している状況ですが、組合が買取し、組合員の中から適任者を配置することで、事業の継続が可能となる企業体も多く出てくると考えられます。組合は、単にエネルギー、食糧のみに限らず、地域産業や、ものづくり産業を支える基盤ともなります。

SDGsの視点から

　従来、産業界への人材を送り出す機関であっ
た大学は、地域の循環システムを支える地場の
技術者を養成する機関として、カリキュラムも
変革されていくことが必要であると考えられま
す。

　同時に、大学は地域の独自の産業を持続的に
支える知的な研究基盤となることが求められて
いきます。

　また、地域の水道の管理や水資源の管理も人
工知能やICTの活用、さらには地域の独立し
た技術者の参加により、市民の手で管理できる
ようになっていくことが望まれます。

　さらに、バイオメタノールプラントの整備は、
持続可能な生産と消費の基盤となるとともに、
地域の経済成長を促し、過度な競争にさらされ
ずに人間らしく働く環境をすべての人に提供で
きると考えられます。

目標4
[教育]

目標6
[水・衛生]

目標8
[経済成長と雇用]

目標12
[持続可能な消費と生産]

4-4　2040年代：ベーシックインカムの実現

2049年のA氏

　XX組合も大きな組織になり、いくつかの県をまたがる組織になってきている。同時に日本中にエネルギー・ネクサス組合が成立し、さまざまな事業を展開するようになってきている。組合傘下の大学も増加し、研究力も向上してきている。

　A氏の仕事は、大学での講師として、週に6時間、技術者育成に取り組んでいて、残りの時間はSF小説を執筆している。昔なら会社を定年している歳である。

　「自動的に付加価値を生む」システムは、参加する大学、研究者、市民技術者の力により確実に向上してきていて、今や平均すると一人あたり週に5時間、地域の労働をすることで社会を維持し、衣食住を確保できるようになってきている。インターネット議会では、労働時間が0でも最低限の衣食住を供給するベーシックインカムの全面的な導入が議論され、最終的には導入されそうな方向で進んでいる。

　エネルギー・ネクサス組合は地方の山間部や沿岸部からスタートした組織であるため、地方はほぼ組合による統治が圧倒的になってきているが、都市部にはまだ組合に所属しておらず、昔ながらの大企業で働いて生活の糧を稼ぐという形式が残っている。また、一部の大企業の従業員も組合への参加をしていない場合がまだ多く残っている。

　A氏の長女Dさんは、東京で暮らしている。インターネット流通の大手企業の幹部として働いている。この企業では、組合参加との両立は就業規則で認められていないため、Dさんも組合を脱会している。ただし組合員との格差を小さくするため、従業員の労働時間も少なくなってきており、週20時間が標準となってきていて、さまざまな生活支援を行い社員を保護している。さらに企業の労働組合は、組合への参加もできるように活動している。

　組合の完全ベーシックインカムが達成すると、企業から組合への人の流れはさらに進み、大企業自体が維持できなくなりつつあると予想され、大企業の終焉の時代になってきている。企業は事業単位で、組合に事業の売却を行うことが多くなってきている。

　また、2020年までは都市部の開発が続き、つぎつぎと超高層ビルが建っていたが、その後約30年は、ほとんど都市の姿の変化はなくなってきた。都市部が商業の中心ではなくなりつつある。都市部での生活にあこがれて東京に出てきたDさんであったが、都市での生活スタイルをいうのが好きであり、このまま東京に居たいが、企業の幹部としてこのまま仕事を続けるか、組合に戻るかを思案している。組合からは、東京でXX組合の特産物の販売とそれを利用したレストランの経営をしないかとの打診がきている。

(1) 国会の支配と縮小化

　このころになると国の人口の過半数以上が、いずれかのエネルギー・ネクサス組合の組合員になっています。このため、組合から選出された国会議員が国会の過半数を大きく超えるようになってきています。組合自体も特定の権力者が生まれないように、マネジメント部分は人工知能がほとんどを処理するようになってきており、組合同士も協定を結び、相互で協力していくことが成立しています。このため組合同士で、権力を争うということもなくなってきている状況です。一部、組合以外の企業や業界団体から支援された議員もいますが、徐々に数が少なくなってきています。

　この段階に達すると、組合員の総意で国の改革が急速に進んでいくことになります。まずは国会議員の大幅削減と給与の削減が進められます。大きな案件は、組合員の直接投票を行い、その結果を国会で追認するという形になっていきます。さらに行政業務の大半を人工知能や自動化技術へ代替し、一部人手に頼らないといけない仕事以外は、無人化、自動化が進んでいきます。このようにネットによる直接民主型政治が基本となる政治システムに移

政府・行政機能のスリム化・AI化が進む

り変わっていくことになります。

　さらに行政システムの大幅削減に伴い、国の予算も縮小していきます。外交や防衛などの一部の行政以外は組合に業務委託されて、所得税、消費税の大幅削減も実現していきます。外交、防衛などの一部を除いて国家機能の縮小が進んでいき、地方への権限移譲が進み、さらに地方自治体も無人化が進んでいます。

　まだ首相や閣僚をロボットや人工知能に置き換えるところまでは、対外的な折衝を行う部分もあり難しいですが、徐々に形式的なものになっていきます。これらの地位は、名誉職的な色彩が濃くなっていき、長年実績をあげた学者などが交代で就任するようになっていくかもしれません。

　またこのころになると、他のアジア諸国でも組合が生まれていき、国という枠組みが形骸化していくと考えられます。これにより大きな国際的な紛争も起きにくくなっていくでしょう。かつて、歴史をさかのぼると部落同士、村同士で戦っていましたが、政治、社会システムの発展とともに、国の中での争いはどの国でもなくなってきました。日本も明治維新以降は、国の中での内戦はなくなりました。一方で、国同士の戦争は20世紀までは熾烈を極めましたが、それもほぼなくなっていくと考えられます。さらに、テロ活動も、世界中の人が安定的なベーシックインカムが得られるようになれば、少なくなっていくと考えられます。

(2) ベーシックインカムの実現

　エネルギー・ネクサス組合の主導による「自動で付加価値を生み出すシステム」の高度化が進み、生産性が上がると、全国民へのエネルギー・食料・水の無償化が実現する可能性が高くなっていきます。ベーシックインカムの議論は、すべての住民に一定額の現金を配布するというのが、現在の議論の中心ですが、現金を配布するのではなく、組合のように衣食住を保障する形で進むことがよいのではないかと思います。

　まずはエネルギー料金の無償化を実現し、次に食糧や住宅の無償化を実現していくなどしていき、最終的に衣食住の最低レベルを保障するようにします。場合によっては短時間の労働も条件になります。しかしこのほうが、全国民にベーシックインカムを実現するための確実なステップではないかと考えられます。

　また、追加で現金収入を得たい人は、自由に企業活動も同時にできるようにします。「自動的に付加価値を生み出すシステム」による利益で、社会主義的な基盤を維持し、そのうえで、自由主義的な企業活動を行うような社会構造になっていくと考えられます。

　次に「自動で付加価値を生み出すシステム」の技術を誰が保有するかという点を考えます。エネルギー・ネクサス組合のように生まれた利益を最大限に構成員に還元する組織がその技術を保有することにより、人を引き付け、最終的な競争力を保持すると考えられますが、一方で企業が独占的に保有するという可能性も残されています。

　企業が「自動で付加価値を生み出すシステム」技術を保有することで、得られる利益は、経営層や出資者、高度な知識を持つ技術者に偏り、経済格差の増大につながっていくことになります。しかし、私企業が独占する方向に進んでいくと、相対的な貧困が拡大し経済全体が衰退していくこととなり、ある時点で、エネルギー・ネクサス組合のような形式が台頭していくと考えられますが、ベーシックインカムが実現するまでにより多くの年月がかかる可能性があります。一部の企業が技術を独占することによる富の集中を防止

するために、今後は技術をオープン化して、付加価値を生み出す技術は、社会・市民の誰もが共有できるような形にできるかがポイントであると考えられます。人工知能も社会の共有基盤とすることが必要です。

(3) エネルギーネットワークが人工知能のネットワークになる

人工知能が人類の知能を超えるシンギュラリティが2040年代に起きるといわれていましたが、この時点ではまだ汎用人工知能のレベルは人間と同じレベルには達していない可能性が高いと考えられます。そもそも人間と同じレベルの知能が本当に「使える」人工知能であるかという疑問もあります。

しかし、さまざまな特化型人工知能が各種の機器に搭載され、多くのコンピュータに何らかの人工知能的なソフトウェアが搭載されるようになっていく状況となります。多くの機器はネットワークにつながっているので、人工知能同士がネットワーク上でやり取りしていくような形となり、人工知能が相互に連携したネットワークが生まれることが予想されます。

システム内の多くの要素がネットワーク化され、そのつながりがある臨界点を超えると、ネットワーク自体に新しい性質や機能が創発されるというのが確率モデルやネットワーク理論のひとつの結論です。生命もそのひとつの例です。ひとつひとつは単純な生化学反応でもネットワークされ、それが一定以上の規模と複雑さを持つと、生命という次元の違うものが創発されます。

多くの人工知能もそれらがネットワーク化され臨界点を超えるとどうなるのでしょうか。新しい次元の違う知性が創出されるのかもしれません。人工知能の生態系が生み出す「社会知能体」というようなものが生まれる可能性もあると考えられます。

もう少し具体的に考えてみると、分散エネルギー・クラスターを構成するエネルギー機器に人工知能が導入されます。ここに搭載された人工知能はひとつひとつは大きな能力はありませんが、それらが群れをなすことで、高次の知能が出現する可能性があります。アリも個々の知能は極めて低いですが、群れを形成することで、機能的な社会システムを生み出すことができます[6]。

　このように分散エネルギーも知能をもち、相互に連携することで、社会的知性をもつようになる可能性があります。このとき、知性の進化の方向性をうまくコントロールすることができれば、農林水産業の自動化を大きく進展させていく可能性が高いと考えられます。社会知性体の本能は、人類の幸福と環境保全を目標に進化するようにしていく必要があります。

　そしてこの社会知性体同士がさらに連携して、複雑に進化していくことで、シンギュラリティとは違う方向で人工知能の発展の形式があるのではないでしょうか。人類は知能の在り方を、生物や人間の脳という形でしか見たことがないため、どうしても人間の脳と同等のものが最高のものであるという思い込みがあるのではないでしょうか。知能というものの存在形式はもっと多様性のあるものなのかもしれません。

　一般に南国の人ほど、その土地の生物の生産性が高いので、人びとものんびり暮らしているという印象があります。自動的に付加価値を生み出す技術により、エネルギーと食糧の自給化が進めば、世界中の人が「南国の住民」のようにのんびり暮らせる社会になることができるのではないでしょうか。

SDGsの視点から

　完全なベーシックインカムの実現は、ひとびとに大きなゆとりをもたらし、社会のさまざまな不平等や雇用問題の解決に貢献できると考えられます。

　また多くの自由な時間が新たな地域産業の開発につながっていくと考えられます。

　政府や自治体機能のスリム化やAI化により、地域の主体的な意思がより尊重されるようになり、国際間でも地域の連携がより進んでいき、紛争やテロの防止にも貢献できるようになると考えられます。

目標5
[ジェンダー]

目標10
[不平等]

4-5　2050年代：メタノール文明の完成形

2059年のA氏

　A氏も高齢者となり、ベーシックインカムの恩恵で、衣食住が足りた生活をしている。また額は少ないが年金制度も維持されており、おこずかい程度の現金収入もある。時々の原稿依頼と講演活動なども行っていてそこからの収入もある。最近は孫と遊ぶことで多くの時間が取られるようになった。エネルギー・ネクサス組合の普及とともに、若年層の経済的な安定性も大きくなり、婚姻率の向上、特殊出生率の向上が継続され最新の人口の将来予測では、国内の人口は8000万人で定常化するとの見通しが出されている。

　妻のBさんも同様に引退しているが、週に数時間は近所の子供たちとグループワークをしている。知識を得るという部分の教育は、人工知能をベースにした学習システムを用いて、個別カリキュラムにより進められるようになり、教室で大勢が集まって授業を受けるという風景はほとんどなくなってきている。しかしグループ学習や協業の取組は必要であり、地域の教育経験者などが中心となって取組が行われている。先週は、近所の海岸に子供たちを連れていき、環境汚染の歴史などの実地教育をした。沿岸に漂着していたゴミも、今では全く見られなくなり、海洋環境が改善された海辺は多くの生物であふれる世界へと変わりつつある。

　A氏の長男のC氏は、バイオメタノールプラントの仕事をしているが、残りの時間は、水墨画を描いており、最近は知名度も向上してきている。A氏の長女Dさんは、東京でXX組合の特産物を利用したレストランを経営している。ときどき休みをとり、世界中を旅行している。

(1) 再生可能エネルギーへの完全移行

　この段階になると、国内の原子力や火力発電の設備は順次稼働を停止していき、再生可能エネルギーによるエネルギーの完全自給化が完成していくと

考えられます。エネルギー供給は、再生可能エネルギーを主体としたメタノール・マグネシウム文明への移行が最終的な段階になってきます。一部の素材用に石油資源などが利用されているため、石油の輸入がゼロになることはありませんが、その量は激減していきます。素材面の多くもバイオ起源となっていきます。

　また、自動車もほぼすべてが電気自動車に切り替わり、完全自動運転車が道路を走っています。さらに自動車を個人で保有するということはなくなり、エネルギー・ネクサス組合が所有し、移動の必要があるときは、車を呼べばいつでも自動運転車が家の前まできてくれるようになっています。かつてあった高齢ドライバーの問題や、買い物難民の問題も解決されています。行先を登録すれば、自動で好きな場所に連れて行ってくれます。航空機も多くは、バイオ燃料を利用するようになり、こちらも操縦の自動化が進み、パイロットは一人体制となり自動操縦により運航されるようになっていく可能性もあります。

共有型の自動運転される電気自動車が普及する

(2) バイオメタノール文明の世界的な拡大

　日本やアジアの一部で始まったエネルギー・ネクサス組合は、このころには、世界中に広がり、ほぼ全人類のベーシックインカムの実現の道がみえてきているかもしれません。地域により多少の差はありますが、極めて短時間の社会構築の仕事を負担すれば、衣食住が供給され、あとは自由という社会が世界規模で実現されていきます。これにより、多様な文化芸術が生まれる世界となるかもしれません。また、より稼ぎたい人はビジネスをやるかもしれません。ビジネスもゲーム化していくのかもしれません。しかしたくさん稼いだからといってあまり尊敬されない世界になるかもしれません。

(3) 地球環境の浄化が実現

　メタノール合成炉に海洋の廃棄物を利用してきたことで、このころには海洋ゴミは世界的にほぼなくなり解消しています。海洋の重金属汚染も、貝類などの海洋生物に吸着させ、それをバイオメタノール炉で取り出すというシステムが確立し、海洋汚染物質の浄化が進み、地球にきれいな海がもどってくると考えられます。

　また、太陽光により生成された水素と、大気中の二酸化炭素の合成によるメタノール製造プラントも稼働し、大気中の二酸化炭素濃度のコントロールも可能となってきています。資源循環エンジンは世界の各所で形成され、森林の保全も確実なレベルに達していると考えられます。

　一方で、福島の原子力発電所の廃炉作業はまだ完了していないと考えられます。しかし、ロボット技術の高度化により、放射性物質を閉じ込める作業が続けられていると思われます。もはや大手の電力会社は存在しない状態となり、送配電網を管理する企業に代わっており、廃炉作業は国の事業として進められているかもしれません。

SDGsの視点から

バイオメタノールを基盤とした産業システムへの移行に伴い、また海洋浄化が進むことで、資源循環や栄養塩循環が復活し、豊かな里山や海が戻ってくることで、海洋資源や陸上資源の持続的な利用が可能となります。

また、大気中の二酸化炭素の利用が進み、気候変動を抑制・制御することが実現できると考えられます。

そして、エネルギー・ネクサス共同組合のような組織が国境を越えて連携していくことが求められると考えられます。

目標14
[海洋資源]

目標15
[陸上資源]

目標17
[実施手段]

4-6　2060年代：人工知能のシンギュラリティを超えて

2069年のA氏

A氏も80代となり、日々、読書などをして、妻のBさんと暮らしている。ときどきまだ旅行にでかける元気もある。昨年、肝臓に病気が見つかったが、肝臓の大部分を人工臓器に移植し直した。わずか3日の入院ですんで、ほっとしている。すべての病気が克服されたわけではないが、21世紀の前半では多くの人の命を奪った病気も完治するものが増えてきた。

人工知能のネットワークも高度化してさまざまな場面で人間を支えるこ

とが可能となってきている。ニュースによれば、人工知能の中心的な部分では、すでに人類の知能を超えたとの話が伝わってきた。しかし、その知能の本能は「地球のすべての構成員の共生」を目指しているため、人類を支配したり、排除したりする気配はない。

　組合のマネジメントシステムはほぼ、人工知能に置き換わり、農作業や漁業、メンテナンス作業など、多くの人手が必要だった部分も、バイオロボットが普及したあとは、人間が行う作業がほとんどなくなった。

　長男C氏の子のE氏は、人工知能とバイオロボットを駆使して、旅行案内業を営んでいる。E氏自身はコンピュータに指示を出すだけであり、すべての作業は、人工知能とバイオロボットが実施している。すべての事業活動は、シンギュラリティを超えた人工知能と競争したら人間は勝てないが、人工知能は、全人類の幸福度の最大化を目指しているので、すべての事業を人類から奪うことはなく、ひとびとが創造する活動空間を残してくれている。

　長女Dさんの子のFさんは最近話題の人体改造をやろうとして、両親から反対されている。バイオテクノロジーの進歩は、人体の改造も可能となり、自らの遺伝子発現をコントロールして、20代の若さを50年間保てるようになってきている。ただ本当に50年間、安全なのか、これから生む子供への影響などがないのか不安であり、反対運動をしているグループもある。遺伝子発現のコントロールが子供へも伝達することとなると、人類の進化の岐路になっていくため社会的に大きな問題となっている。

(1) シンギュラリティとは

　現在は、ディープラーニング技術の進展による人工知能の3回目のブームがきています。人工知能がさまざまな産業を利用し始められた時代と位置付けられます。人工知能は大きく、「特化型人工知能」と「汎用人工知能」に分けることができます。

　①　特化型人工知能：将棋や囲碁の人工知能、顔認識の人工知能など、特

定の機能に特化した人工知能。AIスピーカーなどが代表例。

② 　汎用人工知能：人間のように、さまざまな問題を柔軟に対応できる人工知能。現在は開発途上。

　人間の知性を人工知能が超え、加速度的に進化する転換点をシンギュラリティ（＝技術的特異点）といいます。米国の未来学者、レイ・カーツワイル氏は、2045年には、コンピュータの能力がすべての人類の脳の処理能力の合計を超えるという説を提唱しています。欧米では人工知能開発に一層の拍車がかかっており、意識を備えたコンピュータが人類を支配するというSF映画の世界が、現実になるとの議論も盛んになってきています。実際に2045年において人工知能が人類を超えるかどうかはわかりませんが、コンピュータがそのような方向に進んでいることは事実です。また、ブリニョルフソンとエリック著『機械との競争』[7]でも、コンピュータやロボットによる失業が経済学的観点から描かれています。これらからは、人類と人工知能の付き合いかたが新しい局面にきていると考えられます。

　現在も特化型人工知能は、自ら学習してより賢くなってきていますが、これが進んで行っても人類の存在を脅かすものとはならないと考えられます。将棋の人工知能は、人工知能同士の対決を膨大な数行うことで、すでに人間をはるかに超えるレベルに到達していますが、これが進んでも人類の存立を脅かすものとはなりません。

　しかし、意識をもった汎用人工知能がまだつくられていませんが、もしこれができると、少し状況が変わってくる可能性があります。汎用人工知能は、人間の脳のような柔軟性をもって、さまざまな思考ができるとともに、スーパーコンピュータにもつながり人間よりはるかに大規模な計算も可能であるし、インターネット上のあらゆる知識やデータを把握することができます。これを踏まえてさまざまな推論や発見を繰り返して、加速度的に知識を創出していくことになります。

　このような人工知能は何を目指すのでしょうか。その人工知能の「本能」に当たるものを設定しておくことで人類への脅威にならないようにすること

ができるのではないでしょうか。人間の本能は、生存本能がベースにあります。人工知能は、生存本能に加えて、「環境保全」「人類の幸福度の最大化」ということを植え付けておけばよいのかもしれません。

　人工知能に支配されるかどうかについては、人類に危害を加えるようなものであれば、支配ということになりますが、生活のあらゆる場面で人工知能にサポートされているような状態で、人類の幸福度を向上させていくようなものであれば、人工知能に支配されているという感覚はなくなるのではないでしょうか。

　また、ロボット技術が大きく進んでいないので、動物のような柔軟で長期間維持できる「体」を人工知能は持つことができません。このため、人工知能にコントロールされたロボット群が人間に襲いかかるというSF映画の世界は当面は現実的ではないと思われます。

　また、シンギュラリティに対する考え方で一般的なものは、「巨大な人工の脳みそ」ができて、人類を支配するというイメージですが、人工知能の進化を考えると、さまざまな形の人工知能のネットワークができるというのが現実的ではないかと考えられます。

　汎用人工知能もさまざまなタイプのものが、相互に関連しあいながら、進化していくものとなり、その一部が自らの「本能（人類の幸福度を最大化するという）」を書き換えて、人類の支配に乗り出そうとしても、他の汎用人工知能がそれを抑制して、排除するような免疫的な均衡システムが生まれていると考えられます。

　さらに人工知能のネットワークと階層化が進んでいき、その複雑度が一定のレベルを超えると、新たな次元の知性が創発されていく可能性もあります。地球全体に知的ネットワーク網が広がり、惑星全体が知能化した組織体になるのではないでしょうか。筆者の前著[8]では、これを「惑星生命体」と名付けています。このレベルになると、人類は、惑星生命体の体内で共生していく存在となっていくと考えられます。

(2) バイオロボット

ロボット技術の向上が進んできていますが、動物のように俊敏で柔軟な動きを作り出すことが難しい状況です。動物は、定期的に睡眠をとる以外、数年から数十年もオーバーホールなしで動きつづけることができます。しかも自分の子孫を残すという自己複製能力ももっています。

生物のような自己組織的に形成され、自己複製できるバイオロボットはいつできるのでしょうか。20世紀の後半以降、自己組織化という現象の研究が進んでおり、人工生命という生命の創発的な現象をコンピュータ上で再現する研究も進んでいます。さらに近年は、誘導自己組織化技術[9] といった自己組織化現象をどのように制御するかという研究も進展してきています。

筆者は、本当のシンギュラリティは、汎用人工知能の実現に加えて、機械が自己組織的に機械を生み自己進化することが可能になったときではないかと考えています。人工知能を搭載した自己複製・自己進化するバイオロボットが存在する世界がシンギュラリティ後の世界です。

さらに、バイオロボットは、ナノレベルのマシンから、人間レベルの大きさのもの、さらに巨大なものまでさまざまなものが生まれて、バイオロボットの生態系が生まれると思います。ここでのバイオロボットの生態系においても、文明が進化する条件と同じ条件が必要となります。すなわち、十分で質の高いエネルギー源の中で散逸構造が生まれ、その中でさらに相互作用の自由度が増大することです。自然の生態系の生まれる条件と同じです。

エネルギー源は太陽光を基盤としたものとなります。生態系に加えて、バイオロボットの生態系が加わるので、今の人類の消費エネルギーよりも一桁以上大きなエネルギーが必要になってくると考えられます。さらに資源の取り合いにならないように、物質循環を地球規模で適切にコントロールしていく必要があります。人類を含めた自然の生態系と、バイオロボットの生態系の2つのシステムが共存するような形となり、人類はその両方に所属するようになると思われます。

(3) 人間が向かう先は

　このような世界になったときに、人間はどのような存在になっていくのでしょうか。自動でさまざまなものを生み出してくれる人工知能系やバイオロボット系につつまれた生活空間となっています。人類は何もしなくても衣食住が足りた生活ができるようになります。

　人類は向かう方向はどこにあるのでしょうか？　人類の社会は、争いなど負の側面もありましたが、基本的には人類の生活をよりよくするように進化してきています。最終的には進化が止まってしまうのでしょうか。人類の進むべき未来は無くなってしまうのでしょうか。進化がとまると生物種としての廃退が始まるといわれています。一部の人類は、バイオ技術により、自己の身体を改良して、より知能が高く、長寿命の体につくりかえていくのかもしれません。『ホモ・デウス』[10] で描かれる未来です。

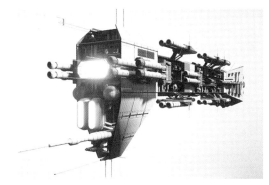

バイオ技術により宇宙船を融合した新しい人類も生まれるかもしれない

　それでは全人類がホモ・デウスになるのでしょうか。ホモ・デウスになって何か楽しいのでしょうか。個々の知能がどれだけ進んでも、それを包み込む「惑星生命体」という巨大な知能体を超えることができないのではないでしょうか。

　また、多様な進化の方向があると考えられます。自らの体と宇宙船をシンクロして、宇宙に旅立つ人種もできるかもしれません。そして別の惑星に到着して、新しい生物の進化を生み出すのかもしれません。そして、別の惑星

生命体と接触・融合して、さらに進化を進めるのかもしれません。もしかしたら、地球の生命体もそのように旅してきたものかもしれません。最終的には惑星のみではなく、銀河系全体が知能体となっている銀河もあるのかもしれません。

SDGsの視点から

　本書で示したバイオメタノールを基盤とした社会が、日本のみならず、世界的に広がっていくことにより、途上国でもベーシックインカムの実現が可能になりと考えられます。これにより貧困、飢饉は克服され、衛生保健環境も先進国並みになっていくことができます。

　さらにこのような生活水準の向上は、地域の紛争やテロを抑制し、恒久的な平和の実現につながっていくと考えられます。

目標1
[貧困]

目標2
[飢餓]

目標3
[保健]

目標16
[平和]

演習課題

課題 1

さまざまな書籍で日本や世界の将来の予測が行われています。そのいくつか
を調べて、それぞれの予測の時点での自分の年齢を考えてみてください。その
時点で自分は世の中のどこでどのような暮らしをしているかを想像してみましょう。

課題 2

課題1でそろえた未来予測と、本書で示した将来の世界を比較しながら、自
分なりに世界（日本）の未来の起こりえるシナリオを考えてみてください。自分の
未来予測のなかでは、自分は世の中のどこでどのような暮らしをしていますか?

課題 3

本書で示した未来のシナリオは、まだ考えるべき課題がたくさんあります。本
書で示してない社会的な側面なども検討してみてください。（たとえば、国際的
な紛争やテロ、核兵器の問題などは本書では触れていません。）

【参考文献】
1）ダートネル，ルイス著（Dartnell, Lewis），東郷えりか訳，『この世界が消えたあとの科学文明のつくりか
た』，河出書房新社（2015）、では、文明が滅びたあと文明をどのように再構築するかを論じて、「科学とは
何か?」を考察している。
2）阿部力也『デジタルグリッド』エネルギーフォーラム（2016）
3）諸富徹『入門　地域付加価値創造分析─再生可能エネルギーが促す地域経済循環』日本評論社（2019）
4）広井良典『人口減少社会のデザイン』東洋経済新報社（2019）
5）井上岳一『日本列島回復論─この国で生き続けるために』新潮社（2019）
6）石田武志『人工知能ロボットがつくる「無人自動企業」の可能性：もう一つの人工知能人工「低」能による
群知能がつくる未来』電子書籍 Kindle 版、2016 年 3 月
7）ブリニョルフソン，エリック〈Brynjolfsson, Erik〉、マカフィー，アンドリュー〈McAfee, Andrew〉著、
村井章子訳、『機械との競争』、日経 BP 社（2013）
8）石田武志、『システム工学で描く持続可能文明の設計図　─文明設計工学という発想─』大学教育出版（2014）
9）Herausgegeben von Prokopenko, Mikhail,『Guided Self-Organization: Inception』, SPRINGER,
BERLIN（2014）
10）ハラリ，ユヴァル・ノア著、柴田裕之訳、『ホモ・デウス〈上〉─テクノロジーとサピエンスの未来』、河
出書房新社（2018）
ハラリ，ユヴァル・ノア著、柴田裕之訳、『ホモ・デウス〈下〉─テクノロジーとサピエンスの未来』、河出
書房新社（2018）

おわりに

　最後は、SF的な空想の世界になってしまいましたが、粗削りながらも今後の文明の発展の議論の一助になれば幸いであると考えています。2019年時点の日本は、長期的な衰退傾向にあると考えられ、このままでは年老いた小さく貧しい国にもどってしまう方向に進むような気がしています。

　しかし、そのような世の中でも、本書で述べたような新しい文明につながる芽はたくさんあると考えています。上手にそれらが組み合わさり、さらなる散逸構造を生み出すような条件が整えば、新しい文明づくりが駆動し始め、「太陽と海の文明」への転換が進んでいくと考えられます。

　日本が明治以降抱えていた、石油の確保という150年の国家的課題も、バイオメタノール文明へ移行すれば解決され、150年間の悲願である、「石油に翻弄されない国家」へと生れ変わることが可能かもしれません。

　いや、新しい文明では国家という枠組みさえ非常に薄い存在になっていくのかもしれません。国家に属さない人間も増えていくのかもしれません。また、必ずしも新しい文明が日本で起きなくてもよいと考えられます。中国や韓国もこれからは高齢化が進み、日本と同じような社会的な課題が増加していく状況になりますが、新しい文明を生み出すことが可能であると考えられます。産業文明は、文明を生み出したイギリスがその後の世界の覇権を握りましたが、次の文明は、人類の共存を達成する方向で駆動するもので、どこで生まれようと、いずれは、文明の恩恵が世界中にまわっていきます。

　新しい文明を築いていくという散逸構造が生まれ、駆動していくためには、まず多くの人が新しい文明像を心の中に描き、それに向けた歩みを進めていくことが必要だと考えています。かつて第二次世界大戦後の20世紀は、科学技術を生み出す明るい未来像を多くの人が共有していたと思います。いずれ「ドラえもん」が生まれた世界になると。しかし21世紀になり、テロや震災なども次々に起き、経済格差も拡大し、いつしか人類共通の未来像が

おわりに

描けなくなってきています。この本が、その未来像を作り共有するひとつの
起点になれば幸いです。

2020 年 2 月

石田　武志

index 索引

index 索引

石田武志 (Takeshi Ishida)

1966年生まれ。東京理科大学大学院、博士（工学）、技術士（環境部門、総合技術監理部門）。財務省系のシンクタンク(財)日本システム開発研究所研究員として、エネルギー分析、環境シミュレーション分野の調査研究に従事。日本工業大学専任講師、准教授を経て、2013年9月より国立研究開発法人 水産研究・教育機構水産大学校海洋機械工学科教授。

さいせい か のう
再生可能エネルギーによる
循環型社会の構築
じゅんかんがたしゃかい　　　こうちく

定価はカバーに表示してあります。

2020年3月28日　初版発行
2021年6月28日　再版発行

	いしだたけし	
著者	石田武志	
発行者	小川典子	
印刷	三和印刷株式会社	
製本	東京美術紙工協業組合	

発行所　**株式会社成山堂書店**

〒160-0012　東京都新宿区南元町4番51　成山堂ビル
TEL：03(3357)5861　FAX：03(3357)5867
URL：http://www.seizando.co.jp
落丁・乱丁本はお取り換えいたしますので、小社営業チーム宛にお送りください。

ISBN978-4-425-98511-1

サンゴの白化
失われるサンゴ礁の海とそのメカニズム
中村 崇・山城秀之 共編著
A5判／178頁／定価 本体2,300円

海洋の環
人類の共同財産「海洋」のガバナンス
エリザベス・マン・ボルゲーゼ 著
笹川平和財団 海洋政策研究所 訳
A5判／288頁／定価 本体2,600円

みんなが知りたいシリーズ8
エネルギーと環境問題の疑問55
刑部真弘 著
四六判／224頁／定価 本体1,600円

海洋白書2020（年度版）
笹川平和財団海洋政策研究所 編
Ａ４判／268頁／定価 本体2,200円

※価格はすべて税別です